本书得到国家自然科学基金项目（41401164，

基于住宅优势度的
城市住宅价格空间分异研究

王 洋 著

科学出版社
北京

图书在版编目（CIP）数据

基于住宅优势度的城市住宅价格空间分异研究 / 王洋著.
—北京:科学出版社，2015.3
　ISBN 978-7-03-043813-3

　Ⅰ.①基…　Ⅱ.①王…　Ⅲ.①城市-住宅-房地产价格-研究
Ⅳ.①F293.35

中国版本图书馆 CIP 数据核字（2015）第 053634 号

责任编辑：杨　静　陈　亮 / 责任校对：胡小洁
责任印制：徐晓晨 / 封面制作：左　讯
编辑部电话：010-64026975
E-mail: chenliang@mail.sciencep.com

科 学 出 版 社 出版
北京东黄城根北街 16 号
邮政编码：100717
http://www.sciencep.com

北京教图印刷有限公司 印刷
科学出版社发行　各地新华书店经销

*

2015 年 6 月第　一　版　　开本：720×1000　1/16
2016 年 3 月第二次印刷　　印张：10 3/4　插页：4
字数：179 000
定价：**69.00 元**

（如有印装质量问题，我社负责调换）

▌前　言▐

　　在当今的高房价时代，住宅价格问题已成为政府和居民持续关注的焦点。对一个城市房价议题的关注，无外乎时间和空间两个维度。其中，时间维度主要涉及整个城市所有住宅平均价格的涨跌。这主要受到政策因素（土地、税收、信贷等）、社会经济因素（经济增长、居民收入、物价水平等）、金融因素（货币供应量、利率变动、汇率变动等）和人口因素（人口结构、人口数量等）的影响，是经济学和政治学关注的主要领域。而空间维度主要关注某个时点（或时段）中城市内部不同位置、不同类型住宅之间的价格高低。这主要受到住宅建筑特征、小区档次、区域位置、生活便利性、周边景观与环境等因素的影响，属于城市地理学和城市经济学范畴。本书聚焦于城市内部价格高低这一空间维度的议题——城市住宅价格的空间分异。

　　如何准确地把握城市住宅价格的空间演变规律，科学地总结住宅价格空间分异机理与模式，进而有效地制定城市住房的空间政策，对实现社会公平和社会稳定、人民生活水平提高、居民幸福感提升、和谐社会建设、城市化可持续推进和房地产市场健康发展有着重要的现实意义和深远的政治意义。住宅价格空间分异问题具有理论基础的多样性、影响因素的综合性、作用机理的复杂性和空间模式的地域性等特征，适用于中国城市实际情况的相关理论构建和方法研究仍需加强。

本书在学习和借鉴国内外城市住宅价格空间分异的理论、规律、影响因素、模式、方法等研究成果的基础上，提出住宅优势度的概念，构建住宅优势度理论；以此为基础，构建城市住宅价格空间分异的影响因素指标体系，并分析其作用机理，总结其一般规律；基于不同的城市发展情景和驱动机制，提取城市住宅价格空间分异的基本模式和复合模式；提出住宅优势度和理论住宅价格的测度方法；根据上述理论与方法，以扬州市为典型案例进行验证。本书的研究内容和主要观点如下。

（1）基本理论。提出了住宅优势度的概念和理论，并将其作为城市住宅价格空间分异机理研究的新视角。住宅优势度是城市内部某住宅相对于其他住宅所具有优势的量化程度。该理论的核心思想是：住宅优势度决定住宅价格，住宅价格是住宅优势度的货币体现；城市内部各住宅间的优势度差异决定了其住宅价格的空间分异；住宅优势度差异问题是研究住宅价格空间分异问题的前向切入点和后向反馈点；住宅优势度的基本内涵可以解释住宅价格的形成机理；住宅优势度是由一系列构成要素决定的，这些构成要素就是住宅价格空间分异的影响因素，这些因素是在各自驱动力的作用下形成和改变的。

（2）作用机理。提出了由"内在原动力→外在驱动力→影响因素→住宅优势度→住宅价格"共同构成的城市住宅价格空间分异机理解释框架。其综合作用机理可表述为：社会体制与决策和个人居住选择是两大内在原动力；特定住宅类型与档次建设的区位指向、特定收入阶层的空间集聚、公共物品投资的空间差异、城市居住用地扩展与城市更新的区位指向是四大外在驱动力；单户住宅档次与水平、小区建设档次与水平、区位与便利性、周边景观与环境是四大影响因素，并构成了住宅优势度；通过供需机制和成本机制作用于住宅价格，加上预期的修正，各个层次由内到外，共同构成了城市住宅价格空间分异机理的基本分析框架。

（3）一般规律。城市住宅价格及分异程度演变和空间格局的规律性为：随着城市发展阶段的变化，城市住宅价格呈"S"形曲线；城市住宅价格空间分异程度呈"S"形曲线或倒"U"形曲线；城市住宅价格空间分异格局呈现出由中心向外围非均衡递减的倒"S"形曲线。

（4）基本模式。基于不同城市发展情景和不同因素的主导作用，总结出城市住宅价格空间分异的六大基本模式：①外延扩张情景下住宅自身因素主导模式；②外延扩张情景下外部作用因素主导模式；③外延扩张情景下自身与外部因素共同作用模式；④内部建设与改造情景下住宅自身因素主导模式；⑤内部建设与改造情景下外部作用因素主导模式；⑥内部建设与改造情景下自身与外部因素共同作用模式。考虑多情景、多因素时形成了三大复合空间模式，包括圈层复合模式、扇形复合模式和多核心复合模式。

（5）测度方法。根据住宅优势度的基本内涵，构建了住宅优势度的计算模型（housing dominance model，HDM），提出了住宅优势度各要素强度的计算方法，以此为基础，建立理论住宅价格转换系数，提供了理论住宅价格的计算方法。

（6）实证研究。以扬州市主城区为实证研究案例，结果表明：住宅自身优势度呈现出了典型的中心低外围高的圈层结构，而外部作用优势度总体呈现出中心高外围低、西高东低的分异格局；住宅优势度的空间格局和住宅价格的空间格局基本类似，印证了本书构建的住宅优势度视角及其评价体系具有合理性。基于住宅优势度视角计算的理论住宅价格与现实价格的空间格局总体一致，但也有部分地区差别较大，显示出了这些住宅的价格高估或低估程度。

本书得到了国家自然科学基金项目"基于住房特征的城市社会空间结构研究——以广州市为例"（41401164）、广州地理研究所优秀青年创新人才基金项目"我国大都市住宅价格的空间分异机理与调控模式研究——以广州市为例"的资助，对此表示衷心的感谢。

本书是在笔者博士论文的基础上修改完善而成的。其完成离不开笔者在人文地理学和城乡规划学十多年来的学习和积累。这要衷心感谢笔者尊敬的两位导师——中国科学院地理科学与资源研究所方创琳研究员、东北师范大学地理科学学院修春亮教授，在笔者的学术生涯中处处凝结着他们的心血和关心。由衷地感谢广州地理研究所张虹鸥所长、扬州市城市规划编制研究中心盛长元主任对笔者无私的支持与帮助。最后，感谢我的亲人一直以来对我的支持和理解。

　　本书以理论探索为主，而城市住宅价格涉及人文、经济、社会、历史、文化、政策、自然、区位、气象、风水、时间、空间、客观、主观的多因素、多维度、多视角、多时序、多主体等一系列问题，这决定了议题本身的复杂性。加之本人能力有限、时间仓促，书中不足之处在所难免，恳请各位同仁批评指正。本书在撰写过程中参考了很多专家和学者的科研成果，并在书中注明，但仍可能有漏注之处，还请多包涵，渴望读者、同仁提出宝贵意见！

王　洋

2015 年春于广州城启波尔多庄园

目　录

第 一 章

绪 论

　　住宅价格问题关系到国计民生，在高房价时代，其成为政府和居民持续关注的焦点，是涉及社会公平和社会稳定、人民生活水平提高、居民幸福感提升、和谐社会建设、城市化可持续推进、房地产市场健康发展的关键问题。城市内部住宅价格空间分异所映射和导致的公共资源配置不公、社会空间极化、居住空间失配、职住分离等一系列社会问题和城市问题亟待解决。已有研究分别从城市住宅价格的空间分异格局、影响因素、驱动机制、模式与规律、测度方法、基本理论等方面对该议题进行了分析。未来还应建立适合中国国情的城市住宅价格空间分异理论和研究方法体系，深化和细化其实证案例研究，注重对中国城市住宅价格空间分异基本模式的总结与提炼，并借鉴多学科的综合性研究视角。

第一节 研 究 背 景

一、住宅价格快速上涨导致的各种社会问题日益凸显

1. 住宅价格问题关系到人民的安居生活和社会和谐

1998 年中国住房分配体制改革，伴随着房地产业的快速发展和城市化的迅速推进，中国城市的商品住宅价格持续上涨。尤其是在 2004 年以后，房价飞涨，由年均价 2004 年的 2708 元/m^2 上涨到 2009 年的 5368 元/m^2，仅 5 年的时间房价翻番，而其中的一线城市上涨幅度更高。不断上涨的房价受到了政府和社会各方面的关注，成为目前政府和居民最关心的问题之一。而居民的收入增长幅度远低于住宅价格的增长速度。全国平均房价收入比由 2004 年的 6.75 提高到 2009 年的 7.57。其中，北京和上海等一线城市和东部大城市房价收入比已达 10 以上（葛红玲和杨乐渝，2010）。而最低收入户、低收入户、中等偏下户的房价收入比已分别高达 21.74、14.25 和 10.99。超高的房价收入比增大了中低收入居民的购房压力，阻碍了居民幸福感的提升。房价持续快速上涨对居民购买力和消费能力的影响已经显现，不利于内需的扩大和中国经济的健康可持续发展。

2. 住宅价格的居高不下极大地改变了社会收入的分配格局，造成社会极化

2009 年的 10% 最高收入人群的人均可支配收入是 10% 最低收入人群的 8.91 倍，这与 1998 年的 4.62 倍相比来说，贫富差距已经显著扩大。高房价已经开始影响到居民的价值观，一些炒房客短时间内的炒房收入超过了很多人一辈子的工资收入，造成其心理失衡（彭鸿斌，2010）。房价的高涨使得拥有多套住宅的高收入阶层的财富猛增，而中

低收入阶层的生存更加困难。高房价导致贫富差距进一步扩大，加剧了开发商对居民的剥夺（方创琳和刘海燕，2007），进而影响社会稳定，不利于和谐社会的建设。高房价问题既是重大的民生问题，又是具有挑战性的社会难题。

3. 住宅价格短期内增长过快给中国住宅市场带来了诸多问题，影响了国计民生和可持续发展

房地产业是国民经济的先导性、支柱性和基础性产业，它的发展在很大程度上带动和制约着城市和其他产业的发展，甚至导致经济的周期性波动。目前，中国住宅市场依然存在诸如房地产投资过度、住宅价格过高、市场信息不对称、住宅投机现象明显、中低收入阶层的住房供给短缺等诸多问题，而这些问题都与住宅价格问题有关（吴宇哲，2005）。

二、住宅价格空间分异映射出的各类城市问题层出不穷

1. 住宅价格的空间分异直接映射出中国城市公共服务设施配置的空间失衡

目前，中国多数城市优质的医疗、教育、文体等公共资源依然集中布置在中心城区，各类公共服务设施也集中于此，造成社会公共资源空间配置不公，这在很大程度上也造成了中心区住宅价格过高（王松涛等，2007）。

2. 住宅价格的空间分异导致了中国很多城市的"居住空间失配"和"职住分离"

目前，中国城市的郊区聚集了很大一部分低收入人口，而市中心是高收入者的天堂。由于城市市中心住宅价格过高，中低收入居民为了改善居住条件，"被迫"从原有市区居住地迁向近郊或郊区的中低价位商品房基地，尽管居住条件得以改善，但却牺牲了生活、就业、就学、出行等的便利度，福利受损（Kain 和 Quigley，1972），由此使低收入者的工作机会减少，增加了他们的时间成本，降低了城市运行效率。职住分离

在中国大城市已相当普遍，并有越来越严重的趋势，是中国"居住空间失配"的重要表现形式。职住分离现象与住宅价格的空间分异密切相关（Clark 和 Burt，1980）。目前，中国城市的就业机会依然集中在市中心，但中心区房价较高，以及经济收入的"过滤效应"，使得相当一部分人被迫住在远离工作地、各种公共设施不完善、不便利的地区，由此增大了居民通勤距离，加大了工作的时间成本，产生了钟摆式交通，造成了"早高峰、晚高峰"现象，增加了城市交通压力（Yang，2006），并由此产生了诸如能耗增加、城市污染等城市亚健康问题（方创琳，2011）。

3. 住宅价格的空间分异所产生的中国城市居住空间分化和居住隔离日益严重

住宅价格已成为中国城市居民选择居住地的最实质性的门槛之一，是导致居住隔离的最重要因素。基于居民的空间消费与支付能力，在层层升高的价格门槛前，社会各阶层的经济地位已经自然而然地排成了一个等级序列（黄怡，2005）。目前，中国逐步显现的不同阶层间的冷漠与疏远、社会冲突、整体文化破碎、两极分化等问题，都或多或少与居住隔离密切相关。如果任凭居住隔离的扩大而造成过度的社会空间分化，将激化各阶层之间的矛盾，不利于社会的安定团结，会给社会带来危害，对城市的可持续发展极为不利。

在这样的背景下，本书建构"住宅优势度理论"的新视角，完善符合中国国情的城市住宅价格空间分异的理论框架，并总结与建构中国城市住宅价格空间分异的测度方法与模式，可为合理调控房价提供理论依据，为因地制宜地测算城市住宅价格提供定量化的科学支撑。在实践意义方面，通过构建住宅优势度概念和理论，为居民的理性购房、房地产商的合理开发提供参考；通过对住宅价格空间分异影响因素及作用机理的研究，为规划师和相关技术人员编制城市规划和住房发展规划提供指导；通过对住宅价格空间分异测度方法的研究，为学术界衡量和评价城市内部住宅价格空间分异程度及城市间的比较提供指引；通过对住宅价格空间分异模式的研究，为政府管理部门制定住房发展和管理政策提供依据。

第二节 研 究 进 展

城市住宅价格空间分异的研究主要包括研究其空间分异格局、影响因素、驱动机制、模式与规律、测度方法、理论创新等方面,并总结出主要启示,具体如下。

一、城市住宅价格空间分异格局与规律的研究进展

此类研究多以实证研究结果为基础,进行住宅价格空间分异格局的总结与规律的抽象。其主要包括住宅价格的空间格局(Poterba,1991;温海珍等,2011)和分异的时空演变(闫小培等,2001)两方面。这方面的研究成果在 2005 年以后逐渐增多,但仍存在着"六多六少"的特点:静态格局研究多,动态趋势总结少;空间格局研究多,基本规律挖掘少;住宅单价研究多,住宅总价研究少;普通住宅研究多,其他住宅顾及少;一线城市案例多,三线城市案例少;自选样本研究多,全覆盖式研究少。

其具体体现在:①以单年(孟斌等,2005)或转换到某一年(梅志雄和黎夏,2008)的住宅价格作为基本数据的研究成果较多,此类研究的优点是数据获取难度相对较低,但不能够展现住宅价格空间分异的动态格局与演变趋势。采用多年数据对分异格局的动态演变进行分析(李妮,2009)的成果较少,而采用连续年份数据对某一时期内住宅价格空间分异格局与分异趋势变动的研究更是凤毛麟角,所以应逐渐重视对住宅价格空间分异的连续动态进行跟踪式研究。②目前,基于某一城市案例对住宅价格空间分异格局的研究较多,但很少有对某一类城市住宅价格空间分异一般规律的总结,无论是住宅价格空间分异程度的一般规律还是空间分异格局与演变的一般规律,对其总结都明显不足。③在住宅价格类别的选择上,国外较为注重住宅总价的研究(Andersson et al,

2010），国内更多的是以住宅单价的研究为主（赵自胜，2010），总价与单价的研究各有优劣。对总价的研究可以显示出居民对住宅的购买能力，还可以反映出住户的社会阶层；对单价的研究可以更好地反映出住宅的区位价值和档次，更容易对住宅价格的空间分异格局有良好的判断与把握，因此，应该根据实际需要选择住宅总价或单价。④在住宅类型研究对象的选择上，对包括新建楼盘（梁绍连，2008）和二手房（陈瑛等，2008）在内的普通商品房研究的成果最多，但单纯以普通商品房作为研究对象忽略了别墅、高档商住楼、保障性住房等其他类型住宅对价格空间分异的影响。事实上，根据住宅子市场理论，住宅类型的不同是住宅价格分异的首要因素，因此，在研究其空间分异格局时，应同时考虑多种住宅类型。⑤在案例城市的选取上，大多关注北京、上海、广州、杭州、南京、西安等一线或二线城市，对分布广泛的三线城市的研究较少。⑥在住宅样本的覆盖情况方面，除了板块研究外，其他两个层次以样点研究为主（刘颖等，2011），地域全覆盖式的研究极少。但新建住宅样点的空间分布往往不均，影响了结论的可靠性，二手房样点的空间均匀性较好，但样本的选择难以达到地域全覆盖，影响了研究的精确度，因此，亟待采用全住宅类型、地域全覆盖式的研究。

二、城市住宅价格影响因素及其指标体系的研究进展

当前对住宅价格影响因素的研究可归纳为住宅自身因素、外部因素、地价因素等方面。其中，住宅自身因素主要有住宅建筑档次及配套设施水平（Stevenson，2004）、住宅建造成本（张红和李文诞，2001）、住宅租金（Loannides 和 Rosental，1994）、居民家庭收入（刘颖等，2011）等方面；外部作用因素包括区位（Lerman 和 Reeder，1987）、交通便利性（Grass，1992）、公共服务设施配套水平（Haurin 和 Basrnigton，1996）、景观（Benson，1998）、环境（Smith 和 Huang，1995）等；地价因素主要包括土地供应价格（Bostic et al.，2007）和土地供应量（Peng 和 Wheaton，1994）等。另外，很多学者认为住宅价格空间分异因素是多元的，例如，杜德

斌(1996)认为区位可达性对上海住宅价格有决定性的影响,轨道交通对其有显著的影响;Gabriel等(1999)从供给和需求的视角研究了美国加利福尼亚州住宅价格的变动,认为持久稳定的住宅价格差异部分可以用人口迁移、住宅质量、工作质量、家庭收入和令人愉悦性的因素来解释;王旭育(2006)认为环线位置和交通条件、建筑面积、朝向、装修程度、车位、自然景观、小区环境、物业管理、文体设施、生活配套、教育配套等因素对上海住宅价格的影响为正。

目前,对住宅价格影响因素本身的研究较多,并且多为定量分析,而对住宅价格产生重要影响的驱动力(深层动力)的研究相对较少,且多为定性研究。在理论方面,主要是以特征价格理论为视角,基本是以结构特征、邻里特征和便利特征等现实影响因素为主(温海珍等,2010),鲜有考虑其他理论视角支撑下的影响因素。例如,多数研究成果对城市发展方向变化、住宅拆迁安置预期、小区居住环境改造等预期因素对目前住宅价格的影响考虑不足。而根据预期理论,这些因素对住宅价格的影响不可忽视,有时甚至是决定性的,"重现实、轻预期"是当前多数研究中普遍存在的问题。另外,在现实影响因素中,其影响因子指标的选择也较为混乱,各因素的界限模糊,不甚清晰,这极易导致研究结论的不稳定性。因此,在影响因素中,应更加明确地区分现实因素和预期因素,在现实因素中也要明确地区分是自身因素还是外部因素。

三、城市住宅价格空间分异驱动机制的研究进展

上述住宅价格空间分异的影响因素必然有其内在的动力,很多学者从不同视角对城市住宅价格空间分异的驱动力进行了定性探索,包括城市化和拆迁(金晓斌等,2004)、城市形态与空间结构的演变(宋雪娟等,2011)、城市重大项目建设(李传华等,2007)、人口和产业空间集聚(熊海璐和吴晓燕,2011)等城市空间发展变化动力;居民社会阶层调整(梁绍连,2008)、购房主体收入差异及收入水平的变化(周华,2005)、居民择居行为(赵亮,2008)、居住历史惯性(彭鲁凤,2010)、生活方式的

改变(李妮，2009)、居民购房改善和外来人口需求(金晓斌等，2004)等社会发展与演变动力；法规作用(许晓晖，1997)，行政区划(李文斌和杨春志，2007)，政府公共物品投资的空间差异(郝前进和陈杰，2007)，土地制度、住房制度和收入分配制度的改革(梁绍连，2008)，重大事件的发生(赵亮，2008)等政策动力。另外，交通技术变革(周华和李同升，2007)、自然生态环境的改善(武前波，2006)、经济增长(高聚辉和周丽庆，2004)也是不可忽视的重要动力。

与对住宅价格空间分异影响因素的研究相比，目前对住宅价格空间分异产生内在影响的驱动力及驱动机制的研究相对较弱，并且缺乏对这些因素造成影响的深层次驱动力的挖掘(马思新和李昂，2003)，或者存在内在深层次动力与外在驱动力混淆的情况(富毅，2006)。事实上，社会制度、社会结构、社会决策、个体区位选择等内在动力左右着城市发展、公共服务配置等外部表象动力，进而决定了住宅价格。因此，在进行住宅价格空间分异的驱动力及驱动机制分析时，应明晰内在原动力与外在表象动力的界限及其相互关系，由内向外，有层次地分析其作用机理。

另外，对驱动机制的研究大多只基于一种理论基础或一种情景(如房地产市场大环境或不同类型的城市)，而没有从多情景和多理论视角进行研究(周华，2005)。事实上，在不同的房地产市场环境下，驱动机制可能有所差别。例如，在房地产市场萧条的条件下，基于成本理论视角的成本机制对住宅价格的影响起到了主导作用，而在房地产市场繁荣期，供需机制将起到更重要的作用。不同等级的城市，其驱动机制也可能有所差别，例如，在中国的一线城市，住宅需求始终较大，供需机制可长期作为住宅研究的首要机制，而成本机制对住宅价格的影响相对较弱，三、四线城市则相反。因此，在住宅价格空间分异驱动机制的研究上应基于不同的城市发展情景选择适宜的理论视角，并注意驱动机制的主导性、复杂性和综合性。

四、城市住宅价格空间分异模式的研究进展

对静态模式的研究主要以套用人类生态学派的三大经典模式及其相互组合为主，例如，中心向外围递减的同心圆模式(李雪铭等，2004)、不同方向递减程度不同的单中心模式(李玲燕和刘晓君，2010)、单核心的圈层加多个次中心模式(宋雪娟，2011)、圈层加点轴模式(张波，2006)、圈层加扇面拓展模式(熊剑平等，2006)、特定方向的轴线模式(周华，2005)；多中心、组团式模式(武前波，2006)，中心-外围和方位分异模式(王霞和朱道林，2004)，多核心基础上的圈层模式(梅志雄和黎夏，2008)，双核心圈层模式(宋利利和路燕，2009)，方位递减加多核心模式(单楠等，2009)，扇形模式(袁雯等，2010)等。

住宅价格空间分异的动态演变模式以传统单中心的弱化最为普遍，主要有单中心圈层模式向多中心模式的转化(马敏蕾等，2008)、单中心模式的显著性下降(秦波和焦永利，2010)、单一圈层模式向中心组团、扇形和圈层综合模式转变(梁绍连，2008)、极值中心向外围递减模式转变为双中心、双极值模式(李妮，2009)、极化和扩散模式(周春山和罗彦，2004)、单核心圈层模式转向单核心的圈层加多个次中心模式(吴宇哲，2005)、多中心模式的弱化(宋雪娟，2011)等。

尽管这些成果对中国城市住宅价格空间分异模式进行了有益的探索，但基本上是套用芝加哥人类生态学派的三大经典模式。国内外的生活方式不同、发展阶段不同，单纯地套用国外模式难以准确地把握中国城市住宅价格空间分异和居住空间结构的问题。另外，这些案例城市的空间模式在短时期内就发生了较大变化，模式演变研究的时间跨度基本都在10年以内(金畅，2010)，说明了中国城市住宅价格空间结构变化之快。因此，对于空间分异模式的研究不仅仅只限于对单个时段进行描述，或者对两个时段进行比较，而要注重研究连续时间段的模式演变，以寻找模式演变的临界点。

住宅价格空间分异模式与城市所处的发展阶段和发展情景密切相

关。同一个城市，不同的发展阶段，其空间分异模式可能完全不同。但这一点已被多数研究成果所忽略，没有将模式与发展阶段统筹考虑。另外，尽管各个城市的空间分异模式各有不同，但对普适性的若干基本模式的总结与提炼还有待挖掘，因此，亟待通过新视角及不同的驱动力条件，对城市空间分异的基本模式进行归纳。

已有研究对住宅价格空间分异模式的提炼，往往是基于普通商品住宅得出的结论，而中国城市内部普通商品住宅、保障性住房、别墅、高档商住楼、城中村、单位职工宿舍等各类住宅相互混杂，不同性质的住宅价格差异很大，空间格局异常复杂，仅用普通商品住宅价格探索中国城市住宅价格分异及居住空间分异模式，显得说服力不够。因此，对空间分异模式的研究，应该在住宅子市场的视角下进行多层次、多角度的分析，或者要说明某种模式仅代表某类住宅子市场（如普通商品房），避免以偏概全。

五、对住宅价格空间分异测度方法与模型的评价

在住宅价格空间分异的研究方法方面，最为常用的是空间隔离度指数（温海珍，2010）、半变异函数（宋雪娟，2011）、空间插值法（张媛，2011）和空间自相关（秦波和焦永利，2010）等。这些研究方法主要集中在对空间关联程度、空间异质性，以及对空间格局的展示与抽象上。只能通过空间格局或空间异质性情况对住宅价格空间分异进行判断，但对不同住宅之间价格本身的分异程度的测度则显得明显不足，采用差异指数（如基尼系数）对住宅价格分异程度进行测度的研究依然不多。因此，对住宅价格空间分异问题的测度应同时注重两个方面，即空间分异程度和空间分异格局，两个方面互为补充，缺一不可。

另外，一些住宅价格空间格局展示方法的合理性也值得商榷。例如，目前流行的空间差值法（吴宇哲，2001），采用住宅样点，通过一些规则将城市的整个空间"赋予"了住宅价格值。这种做法有利于展示空间格局，但其科学程度和实用性有待商榷。首先，这种方法应用的前提是

"空间依赖性"，但住宅同时存在着强烈的"空间异质性"。城市内部住宅价格极易出现高、低价格住宅毗邻的"马赛克"式格局，如果样点数量在研究区的覆盖率不高，则精确性将大打折扣。另外，即使住宅样点的覆盖率较高，仅以住宅点去"推算"其他用地类型各种空间的价格，其科学性也有些让人怀疑。因此，在住宅价格空间格局的展示上，宜"有一说一"，尽量采用实体居住空间的价格展示，避免采用空间差值进行推算。

六、对住宅价格基本理论及创新研究的评价

对住宅价格空间分异作用机理与模式等议题进行研究所借鉴的理论较为多元化，总体上可以归纳为住宅价格理论体系、住宅区位理论体系、居住空间结构理论体系和住宅子市场理论等，每个理论体系中又包括了多个理论。其中，目前主流借鉴的理论主要是特征价格理论（李国栋，2006）、供需理论（Hwang 和 Quigley，2006）、成本理论（王光玉，2008）、区位论（舒东和郝寿义，2003）和芝加哥人类生态学派的三大经典理论等，但新的理论创新极少，尤其是针对住宅价格空间分异问题本身的理论研究严重不足。另外，尽管上述理论可以从某个方面或视角对住宅价格空间分异的某个问题作出理论指导或解释，但这些理论建立的出发点并非完全基于住宅价格问题。由于住宅价格问题本身的复杂性和综合性，这些理论的指导作用必然具有其本身的局限性。例如，特征价格理论的局限性在于，其并没有涉及未来预期对当前住宅价格的影响，并且一些住房特征由于受到个体区位选择的影响，并不能完全决定住宅的需求情况。供需理论是以同质商品为研究对象的，对具有异质性的住宅的研究显现出了一定的局限性，并且住宅的供给短期内缺乏"弹性"，与一般的供需均衡特征不完全一致。成本理论的局限性在于，在当前中国住宅利润如此高的情况下，成本是否会决定住宅价格值得商榷。另外，住宅的主要成本来自于土地成本，但在实际操作中，土地实际成交价格的差异很大，地价决定房价的观点并不具有普适性。区位论忽略了住宅本身的功能特质（包括建筑质量、年份、产权性质）等一些重要因子

对住宅价格的影响。由于国情的不同,将芝加哥人类生态学派的三大经典理论直接套用到中国城市的住宅价格研究案例中值得商榷。由此可见,在上述理论的借鉴和应用中,应清醒地认识到这些理论应用的假设前提,以及这些假设与中国城市现实住宅市场情况的差异,不能一概照搬,应积极探索适用于住宅价格空间分异问题的新理论与新学说。

第三节　主要启示

一、建立适合中国国情的城市住宅价格空间分异理论体系和研究方法体系

尽管国外对此的研究历史较长,但国内的相关研究尚处于起步阶段。由于国情不同,将国外的理论直接套用到中国城市的研究案例中值得商榷。中国城市住宅价格问题非常复杂,应建立适合中国国情的城市住宅价格空间分异理论体系与方法体系;应探索新的理论学说,建立适宜的影响因素指标体系,从更新、更全面、更符合实际的视角研究城市住宅价格空间分异机理等基本理论问题;构建更合理和可操作性更强的住宅价格空间分异研究模型与方法体系,以便对其空间分异程度与趋势有更加明确的判断。

二、深化和细化城市住宅价格空间分异的实证案例研究

在进行城市住宅价格空间分异的实证研究时,应在研究时段安排、案例城市选择、分异规律挖掘、住宅类型覆盖、住宅样本选择等方面更加深化与细化。在时段的覆盖上,尽量采用连续时段的跟踪式研究;在案例城市的选择上,应重点深化和细化对一线、二线城市的研究,并积极拓展三线城市的案例研究,丰富住宅价格问题研究的"成果库";注重

对保障性住房、别墅等不同住宅类型子市场的深入研究及比较研究；提高住宅样本选择的覆盖率，更加客观、细化地分析其空间分异格局与作用机理。

三、注重对中国城市住宅价格空间分异基本模式的总结与提炼

基于多情景视角和多因素驱动，总结与提炼不同发展阶段下适合中国城市实际情况的住宅价格空间分异基本空间模式，为住宅价格空间格局的总结与预判提供坚实的理论基础。同时，要注重不同住宅类型子市场的不同空间分异模式，尤其是普通商品房和保障性住房的分异模式研究，为相关住房政策的制定提供理论依据。

四、借鉴多学科的视角与方法

城市住宅价格空间分异机理与模式的研究涉及多尺度、多时序，涵盖了城市地理学、地理信息科学、城市经济学、城市社会学、管理学、行为学等多学科的知识。因此，多视角切入、多学科借鉴、相互融合发展，才能促进该研究的不断深入，这也是该研究的特点。

第 二 章

城市住宅价格空间分异的理论基础

对城市住宅价格空间分异问题的研究主要基于三大理论体系和一个理论视角，即住宅价格理论体系、住宅区位理论体系、居住空间结构理论体系和住宅子市场理论视角。三大理论体系分别作为住宅价格的形成机理、城市住宅价格空间分异的影响机理和住宅价格空间分异模式的作用机理这三个问题的理论基础和研究借鉴。而住宅子市场理论作为一种住宅市场细分的研究视角，在研究方法方面为上述三大问题提供了借鉴(图 2-1)。

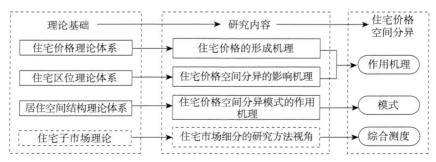

图 2-1　住宅价格空间分异的理论基础与借鉴的基本框架

这些理论涵盖了经济学、地理学、社会学等多个学科。理论创立的本身不都是专门针对住宅价格问题的，但其基本观点和精髓却可以通过不同的解释路径，对住宅价格空间分异问题的相关研究给予理论指导和借鉴。尽管上述理论与城市住宅价格空间分异密切相关，但这些理论的出发点不同，理论假设不同，产生的时代背景不同，针对的区域不同，因此对中国城市住宅价格空间分异的指导作用显然不同。任何理论的产生都有着视角的特定性和时代的局限性，单靠一两个理论不能清楚地解答中国城市住宅价格空间分异的一系列问题。因此，要辩证地看待上述理论对本书的指导和借鉴作用：一方面要广泛汲取各种理论的研究视角与精髓，针对具体问题采用不同的理论视角；另一方面要注意其应用的局限性，不能完全照搬。

第一节　城市住宅价格空间分异的相关理论体系

一、住宅价格理论体系

住宅价格理论体系是解释住宅价格形成机制的重要理论基础，包括供需理论、效用理论、成本理论、博弈理论、预期理论和特征价格理论。其中，供需理论、效用理论和成本理论是决定住宅价格的三个基础理论，而博弈理论、预期理论和特征价格理论需通过上述三个基础理论作用到住宅价格中，从而决定住宅价格，因此这三个理论是决定住宅价格的衍生理论，从而共同构成了住宅价格理论体系的基本框架。这些理论对住宅价格空间分异作用机理的解释具有指导和借鉴意义。当然，在中国城市住宅价格空间分异实际问题的研究中，这些理论或多或少也存在着一定的局限性。

（一）住宅价格理论体系的主要内容与借鉴性

1. 供需理论

供需理论是价格理论中的重要流派。根据供需理论，在其他条件不变的情况下，购房者对住宅的需求量和它们的价格呈反方向变化。住宅价格越高，需求量越少，供给是住宅价格的减函数。但无论如何，最终总有一个买者和卖者共同接受的价格，即需求价格和供给价格相等的价格(图 2-2)。在这个价格下，需求量等于供给量，市场处于均衡状态，这时的价格称为均衡价格。供求一方的变化会对住宅价格产生影响，例如，福利房取消、收入大幅增加、利率下调、就业率增加等因素都会引起购房需求增大，导致住房价格上升。以供需理论为基础，住房价格研究形成了三种定价模型：存量-流量模型、服务流量模型与缩约模型。该理论的可借鉴之处在于，住宅价格的高低与住宅的供给和购房者的需求密切相关，质量优良、环境优美、设施齐全、交通便利的住宅往往会带来更大的需求，进而导致其价格较高。其核心思想是：供给和需求影响住宅价格。根据该理论对住宅价格影响因素研究的典型案例包括：Nellis 和 Longbottom(1981)对英国住宅价格决定因素的研究；Hwang和 Quigley(2006)对美国 74 个大城市住宅影响因素的研究等。供需理论可被认为是其他各类影响因素最终作用的归宿，其他各种因素最终都通过供需机制作用到住宅价格中(葛红玲和杨乐渝，2010)。

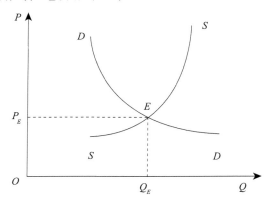

图 2-2　住宅的供需均衡模型

2. 效用理论

效用是商品能满足人们某种需要的能力。效用理论认为，商品效用与价格成正比，住宅价格取决于住宅的效用，效用越大，价格越高。住宅具有使用和投资的双重价值，其价格受效用的影响很明显。住宅的使用价值体现在居住功能上，住宅的外观、朝向、结构、内部格局、设备配置状况、施工质量等因素影响着住宅效用，进而影响住宅价格。如果住宅的质量优良、结构合理、设施齐全、户型设计水平高、外观漂亮，则价格相对较高。住宅在满足使用的同时，还具有投资效用，具体体现在：可以获得财富的保值增值；不经过经济实体循环即可盈利；在一定程度上可抵消通货膨胀的影响等，投资效用越大，住宅价格越高。其借鉴意义在于，住宅本身的质量、档次等使用效用决定了住宅价格。

3. 成本理论

成本理论认为商品的生产价格等于商品的成本价格加平均利润，其思想基础来自马克思主义的生产价格理论。如果住宅的平均利润基本固定，则住宅成本决定了住宅价格。在住宅价格的研究中，住宅成本是构成住宅价格的重要部分，住宅成本上升推动住宅价格增长。住宅成本主要包括土地成本、前期费用、建材安装成本、资金成本及税费（王光玉，2008）。该理论的借鉴意义有两方面：一是建造成本决定住宅价格。一些建筑档次和建筑质量较高、小区环境较好、区位优越的住宅，由于其建造成本较高，其住宅价格也较高。二是土地成本决定住宅价格，即地价决定房价。这是由于土地住宅成本是住宅价格组成的重要部分，也是住宅价格确定的底线和硬约束（葛红玲和杨乐渝，2010）。

4. 博弈理论

博弈理论认为市场中的任何行为都是人的行为综合作用的结果。住宅价格作为房地产市场系统的重要一环，其确定的过程也必然要有人的参与。该理论可被认为是源于成本理论和效用理论的综合作用，即住宅价格是开发商的成本函数和消费者的效用函数在博弈中产生均衡价格的结果。根据博弈理论，在住宅价格形成的过程中，人的选择行为会对价格起到决定性的作用。在博弈中，开发商会在市场竞争及成本函数的约束下追求最大利润，其策略选择包括建筑规模、销售价格、住宅质量、开发方案、进入市场的时机、土地权使用投标价、促销策略、营销渠道等各个方面。当市场有多个开发商时，考虑到消费者对价格的敏感性，最终会出现一个均衡价格，这就确定了住宅价格。消费者的博弈行为是指在住宅市场的多种选择下，货比多家，支出货币而取得住宅，从而实现自身效用最大化的整体购买行为过程。其包括市场信息调查、与房地产商接触、讨价还价、实现购买等一系列过程（葛红玲和杨乐渝，2010）。而在住房市场中，政府也扮演了重要角色，政府在参与博弈的过程中主要以三种身份出现：土地使用权出让方、市场宏观调控者、建设经济适用房和廉租房者。博弈理论的借鉴意义在于，住宅价格是各博弈主体在博弈过程中最终形成的均衡价格。

5. 预期理论

预期的本质是对当前决策有关的各种经济变量的未来值预测。住宅是耐用消费品，使用时间极长，住宅未来的供求变化会对当前价格产生极大的影响。因为购房者总是希望所购住宅能保值增值，因此，在购房时，不只是考虑当前，更要考虑未来的升值空间，这成为价格预期不可忽视的因素。如果所购住宅处于城市未来的主要方向发展上，人们对其的预期增大，价格可能更高。例如，北京市通州新城规划对当地价格的巨大拉动，扬州市计划向东发展建设广陵新城使东区板块住宅价格大幅上涨等。预期理论的落脚点依然是供需理论，预期改变了现实的供需关系，将未来的供需均衡提前"映射"到现实中。该理论对本书的可供借鉴之处在于，分析住宅价格空间分异的作用机理不仅在于住宅的现实情况与条件，更要考虑未来市场的发展，未来的预期会作用于当前的住宅价格上。

6. 特征价格理论

特征价格理论来源于 1966 年以 Lancaster 为代表的新消费者理论，认为消费者并非从消费产品本身得到效用，真正的效用来自于产品所拥有的特征及其提供的服务（Lancaster，1966）。同类产品，其包含的特征组合不同，价格也不同（Ohta 和 Griliches，1976）。Rosen（1974）从需求方和供应方对特征的市场均衡出发展开分析，完成了特征价格分析的技术框架。其理论假设包括：住房市场是完全竞争的市场；生产者和消费者可以自由进出市场；住房的买方和卖方对住房产品和价格拥有完全信息；所有消费者对于每个产品的内部特征所带来的效用的理解是相同的；假定特征价格函数是凸性的。在上述理论假设的基础上，特征价格函数就成为一个双重包络线：家庭对具有不同特征住宅的最高出价和开发商（供给者）的最低出价（图 2-3）。因此，特征价格理论实际上同时建立在供需理论和效用理论的基础之上。在城市住宅中，区位不同、楼层不同、房龄不同，房价显然也不会相同。消费者对每一个特征都会作出估价，所有特征的价格集合形成了产品的市场价格。但是这一过程并不能在市场中显性地显示出来，而是隐含在产品总价当中，所以这些特征的价格也叫作隐含价格，并通过特征价格模型的回归分析估计出来。以特征价格理论为基础，形成了特征方法、重复销售方法与混合方法三种研究方法。基于特征价格理论对住房价格进行定量分析时，住房特征一般可划分为结构特征、邻里特征及便利特征三个类别。其具体包括空气质量、环境质量、社区的人口统计学特征、区域位置，建筑年龄、风景、轻轨、机场噪声等。该理论是目前研究住宅价格分异最为流行的理论之一，其借鉴意义在于，住宅的内外环境、区位、便利性等各种特征决定了住宅价格的高低。

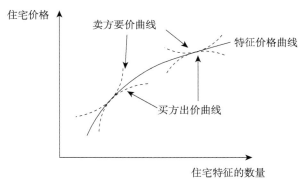

图 2-3　特征价格法中消费者和生产者的均衡状态

资料来源：郝前进．2009．特征价格法与城市住宅价格的决定机制．南京：南京大学出版社：26

（二）住宅价格理论体系的基本框架及其解释路径

在住宅价格理论体系中，供需理论、效用理论和成本理论是三个基础理论。供需理论通过供给和需求曲线的均衡点决定住宅价格；效用理论通过住宅使用价值的货币化形成住宅价格；成本理论通过"住宅成本＋平均利润"构成住宅价格。而博弈理论、预期理论和特征价格理论都源于上述三个理论，对住宅价格的解释也间接作用到上述三个理论中，进而决定住宅价格。其中，博弈理论同时源于成本理论和效用理论，是基于生产者成本函数和消费者效用函数的博弈均衡而形成住宅价格；预期理论基于供需理论，是未来供需均衡的现实映射，进而影响住宅价格；特征价格理论建立在供需理论和效用理论的基础上，基于供需理论的解释是：在住宅特征数量和住宅价格框架下的生产者和消费者均衡。而基于效用理论的解释是：住宅真正的效用来自于产品所拥有的特征及其提供的服务。上述6个理论的相互关系及对住宅价格的解释路径如图2-4所示。

二、住宅区位理论体系

住宅区位理论体系是解释住宅价格空间分异作用机理的重要理论基础。区位是指人类行为活动的空间。具体而言，区位除了可解释为城市或区域上某一事物的空间几何位置，还强调各种地理要素和人类经济社会活动之间的相互联系和相互作用在空间位置上的反映。因此，区位具有两层含义：一是地理位置，这是区位的直接含义，相关理论包括地租理论、地价理论和区位论；二是周边公共服务设施的便利性，这是区位的延伸含义，以公共产品组合理论为代表。

（一）住宅区位理论体系的主要内容与借鉴性

1. 地租理论

地租理论包括的流派非常多，对住宅价格空间分异研究具有指导和

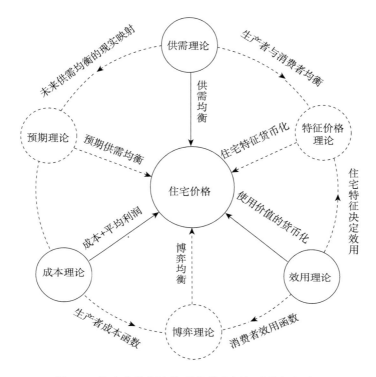

图 2-4　住宅价格理论体系的基本框架及其解释路径

借鉴意义的，主要有马克思主义的级差地租理论、赫德（R. M. Hued）的区位地租理论、阿隆索的投标租金曲线理论、萨缪尔森的地租理论、巴洛维的地租理论，分别简要介绍如下（葛红玲和杨乐渝，2010）。

（1）马克思主义的级差地租理论。该理论认为，土地所有权和垄断是地租产生的根本原因，地租是土地所有权在经济上得以实现的形式。级差地租形成的基础是土地的差异性和有限性。级差地租Ⅰ是由土地生产力水平和位置的差异而形成的，而且由于位置差异而形成的不同土地等级差别不会消除。

（2）赫德的区位地租理论。赫德在 1903 年出版的《城市土地价值原理》中认为，随着城市的空间扩展，城市外围"劣等"的土地将被使用，这样会对城市中心的土地产生地租。随着城市继续扩展，"更劣等"的土地被使用，对上一级土地产生地租，城市中心的土地租金将更高。因此，根据该理论，城市区位优越程度由中心向外围递减。

（3）阿隆索的地租理论（投标租金曲线理论）。该理论根据一般均衡原理，分别建立了厂商和住户对城市土地的投标租金曲线。Alonso（1964）为了简化投标租金模型的复杂性，提出了几个假设条件：①城市只有一个市场交易点 M，所有的交易都在 M 点完成；②所有的土地都是同质的，不存在土地本身质量的差别；③土地和其他非土地投入品可以相互替代；④运输成本是距离 d 的线性函数。除了上面的四个假设条件外，投标租金模型还有几个隐含假定：所有的土地都掌握在一个所有者手中，而且对不同的土地使用者不存在歧视，市场是完全竞争的和农用地的产出为零，等等。基于上述假设，厂商为了获得最大利润，以成本、土地租金、营业量等为变量，形成了农业、工商业和居住三种不同的投标租金曲线；住户为了满足最大效用，以土地租金、通勤费和消费支出等为变量，形成了高收入阶层、中等收入阶层、低收入阶层不同的投标租金曲线。该理论揭示了土地价格在城市中的空间分布特点及其形成机制。

（4）萨缪尔森的地租理论。该理论基于供需理论的基本框架，认为地租是土地使用中付出的货币代价，地租由供求关系形成的均衡价格决定。土地的有限性使得供给数量基本固定，供给缺乏弹性，因此地租的多少完全取决于需求者的竞争。地租取决于土地使用者愿意支付的竞争价格。

（5）巴洛维的地租理论。巴洛维在《土地资源经济学——不动产经济学》一书中认为，地租可以简单地被看作总收益减去总成本后剩余的部分。因此，土地的地租额度取决于产品价格水平与成本之间的关系。

尽管上述不同流派对地租产生根源的解释各不相同，但对住宅价格空间分异的借鉴作用是一致的：区位的差异决定了地租的差异，进而影响了住宅价格的空间分异。区位优越的住宅，地租更高，进而导致其价格更高。

2. 区位论

区位论是研究经济活动最优空间的理论，即研究经济行为与空间关系问题的理论，该理论源于级差地租理论。住宅区位不仅仅是指住宅在城市区域中所坐落的地理位置，而且包括由该位置出行的便捷程度（即通达性），以及居住在该位置所获得的非经济方面的满足程度。区位论具体包括以农业区位论和工业区位论为代表的古典区位论，以中心地理论和市场区位论为代表的近代区位论和以一般区位论为代表的现代区位论。

（1）古典区位论。该理论从地租的角度出发，以最低成本为出发点，通过讨论"最小运费点"和"区位因子"等，对农业和工业的生产者布局进行研究，探索企业的最优区位选择。其代表性理论是杜能的农业区位论和韦伯的工业区位论。

（2）近代区位论。该理论更侧重于对市场因素的研究，遵循利润最大化原则，认为合理的区位是由产品需求量大小决定的，有足够的消费者需求，企业就可以获得利润。其代表性的理论是克里斯泰勒的中心地理论和廖什的市场区位论。

（3）现代区位论。该理论更加注重非货币收益和效用最大化，并且将信息成本、制度、政策等因素列入区位选择的决策分析中。其典型代表是俄林的一般区位论。

根据区位论，住宅价格的高低与住宅所处的区位息息相关。其包括住宅坐落的地理位置和以此为基点进行工作、上学、购物、就医、娱乐等出行活动所需的交通成本（包括货币成本和时间成本），以及该位置的自然环境、社会人文环境等对居住者身体心理等方面的影响（董昕，2001）。正是由于住宅有不同于其他商品的特殊属性（固定性、耐久性、高价值性、社会属性等），才决定了住宅与区位的密切联系。西方发达国家通用的"区位圣典"，一直主宰着房地产经济学。在这个主宰着房地产投资行为的理论中，区位即使不是唯一的，也是房地产市场价值决定性的影响因素之一（舒东和郝寿义，2003）。区位一直是住宅价格决定的重要因素。该理论的可借鉴之处在于：住宅坐落位置、可达性、外部环境及服务设施便利程度等因素，对住宅价格具有重要影响。

3. 地价理论

地价理论源于地租理论，探讨的是土地价格形成的基本原理和机制。土地价格是住宅价格中最重要的组成部分，对住宅价格的研究具有基础性地位。地价对房价的影响显著，一般来说，地价可占房价的1/3，而且越在市中心，该比例越高（葛红玲和杨乐渝，2010）。地价理论主要分为古典地价理论和现代地价理论，其各自的内容如下。

（1）古典地价理论。该理论以地租理论为基础，认为地价是一定时期内地租的贴现值之和，即现实地价＝地租/（利息率－年增长比率），该价格可看作是土地使用权的价格（葛红玲和杨乐渝，2010）。

（2）现代地价理论。该理论基于供需理论框架，认为地价是由市场的实际交易和供求力量决定的，又称为均衡地价或理论地价，该地价直接由土地的买卖双方所决定。而且该理论认为预期的因素会作用到当前的土地价格中，土地未来价格影响现在的价格，这类似于供求理论与预期理论的结合。

土地价格是住宅价格形成的重要基础，因此地价理论对住宅价格分异作用机理的借鉴意义是：地价决定房价。一般来说，地价越高的地块，其住宅价格越高，尤其是市中心地区的地价更高，住宅价格也更高。

4. 地方性公共物品理论

该理论将城市中的学校、公园、展览馆等各类公共服务设施看作城市政府提供的地方性公共物品，但是大多数公共服务的供给都存在拥挤现象，而且要消费这些公共物品，还必须花费路费和时间达到供给地。这样公共物品在城市中就存在激烈的空间竞争，以获得靠近公共物品的有限土地。拥挤现象的存在和靠近公共物品需要更高的运输成本，这两个因素损害了学校、公园等公共物品的"纯度"，并使得城市中大多数公共物品与私人物品更加相似。Tiebout（1956）认为城市中提供的许多公共服务及其设施（如学校、医院、图书馆）都具有地方性特点，消费者可通过"用脚投票"，迁移到提供公共物品和税收较好的地区进行居住。根据该理论，由于特定地区的住宅选择涉及住宅消费，通过消费者迁移就可以得到一个关于地方性公共物品模型的主要结论：房地产的资本化。资本化意味着住宅价格体现了由居民引起的公共服务的收益和成本。在实际生活中，往往是土地开发商用不同的价格从政府手中取得不同区位的土地，经过土地开发、房产建筑后卖给消费者。土地开发商在取得土地的价格上、卖出房产的价格上，都面临着与其他开发商的竞争。在该理论的基础上，Oates(1969)认为在其他因素相同时，一个社区内住宅的各种公共配套服务设施的组合越吸引人，其总租金的财产价值就越高，即住宅价格越高。希望消费高水平公共产出的家庭，将提升高质量公共服务社区的住宅价格。其假设特定社区的住宅价格取决于房屋自身和周边的物理特征、所处社区到城市中心的距离、财产税率和该社区所提供的公共服务水平，并用 53 个位于新泽西州东北部的城镇数据进行回归分析验证上述结论。亨利·乔治继续完善了该理论，形成了亨利·乔治定理。其主要观点是城市公共物品投资的空间差异是土地价格差异的原因所在，进而造成住宅价格的空间差异。对于城市中纯公共物品任意给定的支出水平，如果人口规模是城市居民效用水平最大化时的人口规模，则总级差地租等于公共支出。亨利·乔治定理不依赖于消费者的偏好结构，它说明了城市政府公共物品投资空间差异对土地价格差异和住宅价格差异关系的影响(Hoyt 和 Rosenthal，1997)。

这两种流派共同的可借鉴之处在于，城市住宅价格取决于其所处社区的档次与质量、周边的公共服务设施水平和可达性等内因和外因的组合体，这些公共服务的空间差异导致了住宅价格的空间分异。

（二）住宅区位理论体系对住宅价格的作用路径和基本框架

1. 住宅区位理论体系对住宅价格的作用路径

住宅区位理论体系中的各个理论从不同的视角解释了住宅价格空间分异问题，但这些理论的归宿依然是住宅价格理论体系中的三个基本理论：供需理论、效用理论和成本理论。区位理论体系对住宅价格空间分异的解释路径是间接的，都是在影响其供需、效用和成本的基础上进而决定住宅价格。其中，近代区位论、现代地价理论和萨缪尔森的地租理论基于供需理论作用于住宅价格；级差地租理论、现代区位论、区位地租理论通过效用理论影响住宅价格；古典区位论和巴洛维的地租理论基于成本理论决定住宅价格；阿隆索的地租理论和地方性公共物品理论同时基于效用理论和成本理论影响住宅价格；古典地价理论则通过地租理论的作用，再作用于供需理论、成本理论和效用理论，进而影响住宅价格（图 2-5）。

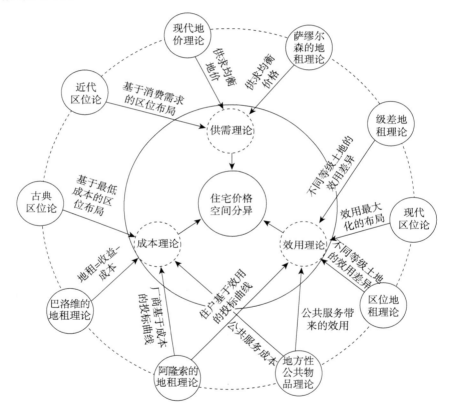

图 2-5　住宅区位理论体系对住宅价格的作用路径图

2. 住宅区位理论体系的基本框架

在住宅区位理论体系中，地租理论是解释区域位置对住宅价格空间分异影响的基础理论，并由此产生了区位论和地价理论，进而形成了对住宅价格空间分异的重要理论支撑：一是区位的优越程度（即地理位置）

决定房价；二是地价决定房价。地方性公共物品理论则支撑了区位的延伸意义，即各类公共服务的便利性决定了房价。其中，地理位置和公共服务便利性对住宅价格的影响，是基于供需理论和效用理论的基本内涵的。即地理位置越优越、公共服务越便利，则住宅的需求和效用越大，进而价格越高。地价对房价的影响是基于成本理论的。由于地价在房价成本的构成中举足轻重，在住宅的建设成本一定的条件下，地价越高，住宅价格越高(图 2-6)。

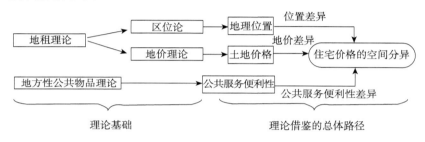

图 2-6 住宅区位理论体系的基本框架

三、居住空间结构理论体系

居住空间结构理论体系是解释城市住宅价格空间分异模式及其形成机制的重要理论基础，也是城市地理学和空间经济学的重要理论。这些理论从不同学科背景和不同角度解释了城市居住空间结构形成的机理，并总结出了一些有代表性的城市居住空间结构模式。城市的不同居住空间结构模式映射出了不同收入阶层在城市中的分布，可反映不同价格住宅在城市中的空间分异格局，进而总结出空间模式(图 2-7)。

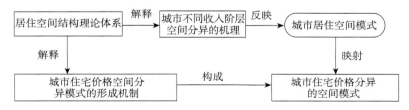

图 2-7 城市居住空间结构理论对城市住宅价格空间分异模式解释的逻辑框架图

这些城市空间结构理论包括芝加哥人类生态学派的城市居住空间结构理论、现代生态学派的城市居住空间结构理论、住房阶级理论、收入和职业决定住宅选择理论、城市社会空间重构理论、社会空间统一体理论、家庭生命周期理论、过滤论、环境感知理论、互换论、结构学派(马克思主义学派)的城市居住空间结构理论、区位冲突学派的城市居住空间分异理论和城市管理学派的城市经理人学说等。这些理论主要分为两个研究视角:一是基于个体区位选择的视角(前 10 个理论);二是基于社会体制与决策的视角(后 3 个理论)。

(一) 居住空间结构理论体系的主要内容与借鉴性

1. 芝加哥人类生态学派的城市居住空间结构理论

20 世纪上半叶,美国芝加哥人类生态学派创立了城市生态学范式,借鉴生态学方法研究人类社会,创立了人类生态学理论,标志着城市社会学学科的诞生。芝加哥人类生态学派根据人类生态学的基本概念和原理,采用了阶层、生命周期和种族 3 个指标来描述社会群体在城市的空间分布,并借鉴"生态隔离"、"入侵演替"、"竞争和优势"等生态学观点,来分析和解释特定类型的城市居民在特定地区的活动和分布,将城市居住空间的演变看成一种生态竞争过程。其中,代表性人物 Park 等(1925)指出,在人类社会中,各种不同人口单位之间相互依存,但由于资源是有限的,人们为了取得生存所需的资源而相互竞争,因此生态学中的竞争和共生原则也是支配人类社会的基本法则。另一代表性人物肯齐通过研究城市社区发现,城市空间变化包括集中与分散、浓缩与离散、侵入与接替等生态过程(王光荣,2007)。根据这些理论形成了著名的三大经典城市居住空间结构:同心圆模式、扇形模式、多核心模式。该理论的借鉴意义在于,城市住宅价格的空间分异模式是人类在居住选择中竞争和共生的结果。住宅价格的空间模式分别与高收入居住区、中收入居住区和低收入居住区相匹配,同时受到交通因素和居住板块的影响。

2. 现代生态学派的城市居住空间结构理论

现代生态学理论注意避免了芝加哥人类生态学派的理论弱点，著名代表人物是奥蒂斯·邓肯和贝弗利。其通过对居住分布和职业地位的分析，认为生态学有力地证明了职业群体之间的空间距离与他们社会距离的关系，不同群体的分离很大程度上是由社会经济方面的差异造成的，居民居住的集中程度与他们的社会地位有关(唐晓岚，2007)。该理论体现出住宅价格的空间分异与居住者的职业特征、经济水平等属性密切相关，这些观点在中国城市中也有明显的体现。事实上，住宅的不同性质(房改房、普通商品房、别墅、经济适用房、安置房等)基本上也与居住者的经济水平挂钩。以扬州市为例，根据《扬州房地产市场调查报告(2007)》①，别墅的主要居住人群是大企业的老总、收入较高的老板和政府机关级别较高的公务员等，而经济适用房和安置房的主要居住人群收入水平普遍较低。该理论的借鉴意义在于住宅价格的空间分异模式与居住者的职业特征、财富水平、收入水平等属性在城市中的空间分布密切相关。

3. 住房阶级理论

Rex 和 Moore 是城市管理学派的早期代表，其在对伯明翰内城住房短缺的研究中，将伯吉斯的同心圆模式和韦伯的社会分异理论相结合，提出了住房阶级理论，划分出了带有空间特征的住房阶级。这些住房阶级的划分，主要依据是住户获得住房的不同可能性，一方面由住户的收入、职业和种族地位决定，另一方面由住房市场的分配规则决定，核心是基于收入差异在住房市场上展开的竞争，这是因为人人都想住在条件优越的社区。随着历史的发展，城市逐渐分化成一个个相对独立、相互隔离的居住单元，不同类型的居民生活在不同的城市居住单元中(Rex 和 Moore，1967)。根据这种住房阶级理论，城市住宅价格空间分异模式的形成，是由住户特征(收入、职业)和住房市场特征结合在一起

---

① http://www.doc88.com/p-31697942614.html.

共同作用的结果。

4. 收入和职业决定住宅选择理论

基于现代城市两极分化的现象，Sassen（1991）认为社会极化表现为收入分配的极化和职业结构的极化。在工作报酬阶梯上，高报酬和低报酬工作的发生率比较高，而与制造业部分相关的中等收入工作数量则下降，由此形成了社会极化。他认为社会极化就是低技能、低收入家庭和高技能、高收入家庭的增长导致的。职业的极化将引起收入的极化，由于家庭能力不同，收入在很大程度上可决定一个家庭的住房选择。因此，极化过程可通过住房影响到社会空间极化，从而在空间上引起穷人居住区的隔离（O'Longhlin 和 Frendrich，1996；唐晓岚，2007）。根据该理论，城市住宅价格空间分异的决定因素是社会群体收入和职业结构的分异，而这种分异反过来又影响了住宅价格的空间分异。

5. 城市社会空间重构理论

20 世纪 80 年代后，西方发达国家出现了新现象：收入相对富裕者对市中心衰变的邻里和社区进行重构。原来市中心的低收入阶层被中高收入阶层所取代，社区环境发生了变化，这种变化被称为"绅士化"。David 将"绅士化"形成的机制概括为：城市蔓延、能源成本上升、严重的通勤问题等因素，促使家庭接近市区工作地；郊区住宅成本的不断上升，刺激新家庭重新审视市中心廉价的住宅；生于高峰期的人口住房需求开始大量进入房地产市场，引起需求趋向于内城利用不充分的房源；存在某种理念和观点，改变了对内城的偏见；家庭结构发生变化，子女减少，双收入家庭比例增大，郊区大宅和院落需求降低，同时其可降低住宅的维护成本；形成新的独身生活方式和非传统生活方式；政府对内城再开发的支持；城市经济重组，市区白领服务活动增加，制造业扩散，扩大了内城的住宅市场（David，1986；唐晓岚，2007），通过社会空间重构形成了新的住宅价格空间分异模式。该理论的借鉴意义在于，城市居住空间的扩展、生活方式和观念的变化，可以改变现有的住宅价格空间分异模式。

6. 社会空间统一体理论

社会空间统一体理论认为，社会和空间之间存在辩证统一的交互作用和相互依存关系。居住空间就其本质而言是一种社会空间，因此，城市建筑环境内确实存在着与社会阶层结构相统一的空间同质性，这种同质性进一步导致了居住空间分异。这种空间生产关系内的同质结构将空间划分为主导中心和从属边缘区，或将空间划分为接近城市综合政治经济资源的区域和远离该中心的边缘区。当然，这种空间生产关系并不独立于社会生产关系，相反，这两种关系的同质性相互依赖。上述辩证的同质性又可体现为空间和社会生产方式中的水平与垂直结构，这对城市居住空间分异研究的意义重大（吴启焰，2001）。该理论对住宅价格空间分异模式的解释意义在于，社会阶层与居住空间具有匹配性，不同社会阶层空间分布的模式决定了住宅价格空间分异的模式。

7. 家庭生命周期理论

家庭生命周期理论的典型代表人物是 Abu-Lughod 和 Foley。他们将家庭生命周期总结为 6 个阶段，并阐述了其对住宅需求的影响。第一阶段：无孩期。多租用市中心附近的便宜公寓。第二阶段：育孩期。多租用公寓带外围的独栋住宅。第三阶段：育孩后期。购买新的郊区住宅。第四阶段：孩子成人期。购买新的郊区住宅或高级居住区。第五阶段：孩子离家期。较稳定，不愿迁居。第六阶段：晚期。夫妻喜欢住在公寓，丧偶者则与子女同住（Morgan，1976）。该理论对住宅空间分异研究的借鉴意义在于，购房者的年龄段影响了住宅区位选择，而居民的年龄段一般与收入水平及其对住宅层次的需求存在某种对应关系，进而反映到不同区位住宅价格的分异水平中。

8. 过滤论

如果一个城市的住宅市场是均衡的，起先较高收入者购买质量较好的房子，随着时间的推移，房子出现老化，较高收入者为了追求更好的居住条件，将放弃现有住房。而较低收入者继续使用该住房，整个过程恰似层层过滤的流水一般，因此被称为"过滤效应"（O'Sullivan 和 Arthur，2003）。在图 2-8 中，1990 年低收入者的住宅为 b 点，中等收入者的住宅为 d 点，高收入者的住宅为 f 点。随着收入的增加，高收入者开始使用 2000 年建造的新住宅，中等收入者开始使用 1990 年建造的住宅，低收入者开始使用 1980 年建造的住宅（吴宇哲，2005）。20 世纪上半叶，"过滤论"是最具有权威性的住宅区位理论，并广泛应用于美国的城市更新运动（赵自胜，2010）。该理论对住宅价格空间分异模式的演变具有重要的借鉴与指导意义。

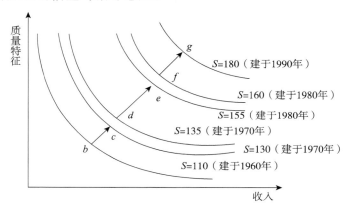

图 2-8　住宅过滤模型

资料来源：阿瑟·奥沙利文．2003．城市经济学．4 版．苏晓燕等译．北京：中信出版社

9. 环境感知理论

　　城市居住空间结构的形成，来源于居民的区位选择行为。这种研究视角最早可追溯到 Kirk 关于决策过程的区位行为分析。Kirk（1963）提出，现象环境即自然现实的外部世界，感知环境是指人类适应外部环境的感知变化。Wolpert（1965）认为迁移源于环境感知，并提出了地点效用和行动空间两个概念。Brown（1970）利用地点效用和行动空间概念，构建了迁居行为模型。该模型将迁居过程看作是寻找新住宅的决策和迁居决策两个阶段。购房者的区位选择涉及各种外部环境和感知环境的影响。该理论的可借鉴之处在于，包括绿化水平、公共设施便利程度、住宅的外观、

设计水平、周边环境情况等在内的各种环境因素，决定了住宅价格分异的空间模式。

10. 互换论

新古典主义经济学派以新古典主义经济学为基础，注重经济行为的空间特征，通过引入空间变量，从最低成本区位角度解析城市空间结构的内在机制。Muth 和 Richattl(1969)，以及 Evans(1987)等学者在阿隆索的研究成果的基础上，通过研究城市住宅费用和交通费用的关系，提出了住宅区位选择的"互换理论"。该理论认为，居民在选择住宅区位时，交通费和住宅租用费必须同时考虑，只有两者之和最小才是最佳的区位(图 2-9)，从而实现家庭效用的最大化，由此构成了住宅价格的空间分异模式。互换论对本书的借鉴意义在于，交通便利性、区位、住宅价格三者相互作用，最终达到均衡点。

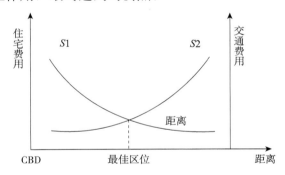

图 2-9　住宅费用与交通费用的均衡模型

资料来源：林瑜茂 . 2006. 城市住宅区位选择研究——以上海轨道交通沿线区域为例 .
上海：上海师范大学硕士学位论文

11. 结构学派(马克思主义学派)的城市居住空间结构理论

结构学派认为，对城市空间结构的研究应建立在社会结构体系的层面上，而不是个体选址行为，因为社会结构体系是个体选址行为的根源，而城市问题也就是资本主义社会矛盾的空间体系(Gray，1975)。因此，城市研究理论必须把城市发展过程与资本主义的社会结构联系起来。结构学派的代表人物 Castells(1977)认为，住宅是城市系统的主要消费元素，而住宅的区位则是各种社会力量斗争的结果，需要分析社会政治关系，才能解释城市居住空间的形成原因。另一个代表人物Harvey(1973)认为，任何城市理论都必须研究城市空间形态与其内在机制的社会过程之间的关系，他将居住分异和金融机构作为解释垄断地租存在的根源。住宅已成为社会资源重新分配的一种重要工具，住户的居住空间分异成为社会阶层最为有效和最为普遍的形式。Harvey对美国巴尔的摩的住房市场与金融资本的关系做了实例研究，得出住宅是资本主义社会的资本利润来源之一，由于被劳动力所消费，它也是劳动力再生产的一个方面，而住房市场就是社会阶级冲突的场所；城市住宅空间分异不仅反映了劳动力在生产领域中的地位差异，而且有助于维持这种差异作为资本主义社会结构体系组成部分的延续，因为公共设施(教育设施)的空间分布差异对于劳动力的再生产(受教育程度)具有重要的影响(刘旺，2004)。根据该理论，对于住宅价格的空间分异的模式应从社会制度的角度进行剖析，要考虑到不同居民在社会生产中的职业分工、收入差异，以及公共设施的空间分布差异对住宅价格的影响。

12. 区位冲突学派的城市居住空间分异理论

区位冲突学派关注权力、冲突和空间之间的关系，由北美的政治学者兴起，即区位政治学。该理论认为，城市空间结构的变化不是在自由且没有组织的土地市场中由无数个体决策的结果，而是有着不同目标、不同权力及影响力的各个利益集团之间冲突的结果；空间不仅是一种由政府或市场所分配的有价值的东西，而且具有权力资源的特征，空间资源的分配过程直接反映了城市的政治过程。因此，区位与权力关系的分析是城市政治研究的主要内容，对城市住宅价格空间分异模式形成机制的研究具有重要意义。在区位冲突学派看来，城市住宅价格空间分异模式的形成及分异过程，就是由不同利益集团、组织(开发商、房地产机构、金融机构)和地方政府之间的冲突形成的。

13. 城市管理学派的城市经理人学说

城市管理学派的代表人物 Pahl(1970)提出了"城市经理人学说"。

他充分研究了规划师、住房管理者、中央政府、地方政府等个人和机构对城市住房市场供给和分配的影响，以及住房分配的规则和程序对不同类型住户的影响。在住宅的获取过程中，家庭并非完全自主地作出决策，而是在各种经理人的相互作用下作出权衡。Pahl 通过对不同类型住户获得住房和各种城市资源可能性的研究，着重分析了各种社会和空间限制因素及其相互作用，正因为是这些人对住户所能获得的住房及其空间区位起着决定性的作用，所以这些人可被称为城市管理者，主要包括土地市场管理者，如私人土地所有者与租赁者；建筑市场管理者，如房地产开发商和建筑商；资金市场管理者，如向住宅市场提供生产和消费贷款的金融机构；交易市场管理者，如房地产经纪人等；地方政府机构管理者，如公共住房的管理者和规划者。该学说认为，城市资源分配的不平等并不是由空间或区位决定的，而是在那些社会系统中占据重要位置的个体的行为后果。它们在城市空间中基本呈同心圆状分布，但其动力并非如人文生态理论中认为的是生态力量自然进化的结果，而是有着社会和政治方面的深层原因。城市中的各类"守门人"决定着各种城市稀缺资源在不同人群中的分配(Pahl，1970)，进而构成了城市住宅价格空间分异的模式。该理论的借鉴意义在于，城市住宅价格空间分异模式的形成，是一系列具有决定权的人共同作用的结果，是"人为因素"造成的。

(二) 居住空间结构理论体系对住宅空间分异模式的解释路径

居住空间结构理论体系主要从两个研究视角解释住宅价格空间分异模式的形成：一是基于个体区位选择的视角；二是基于社会结构体系的视角。其中，基于个体区位选择视角的相关理论，主要根据个人的收入水平、职业、阶层、种族、年龄、环境感知、观念变化等因素选择其在城市中的住宅区位，进而形成相应模式的城市居住空间结构，这种视角依然是基于住宅价格理论体系和住宅区位理论体系。其中，以供需和区位为出发点的理论，包括芝加哥人类生态学派的城市居住空间结构理论、现代生态学派的城市居住空间结构理论、住房阶级理论、收入和职业决定住宅选择理论；以供需、效用和区位为出发点的理论，包括城市社会空间重构理论、社会空间统一体理论、家庭生命周期理论、过滤论；以成本、效用和区位为出发点的理论是互换论；以效用和区位为出发点的理论是环境感知理论。

基于社会结构体系视角的理论认为，城市居住空间结构的形成不是基于个体区位选择的结果，而是社会空间结构所致。个体区位选择只是表象，深层次的机制是城市的社会结构。其中，结构学派的城市居住空间结构理论认为，社会结构体系及其内在的运行机制决定了城市居住空间的形成；区位冲突学派的城市居住空间结构理论认为，权力和各利益集团的区位冲突决定了城市的居住空间结构；城市经理人学说认为，各类形形色色的"城市管理者"决定了城市居住空间的分配(图 2-10)。

四、住宅子市场理论

(一) 住宅子市场理论的主要内容

住宅价格空间分异的一种不可忽略的解释和研究视角是住宅子市场理论。该理论的意义在于，对住宅价格分异的解释应在市场细分后进行。这是由于住宅在各个方面(如建筑类型、结构、户型、房龄、面积、区位、小区环境等)都具有显著的异质性，不同类型、不同区位、不同房龄住宅之间的基本属性和特征是明显不同的(Adair et al.，1996)。不同性质的住宅(别墅、普通商品房、保障性住房等)、不同房龄的住宅(新房、次新房、老房)、不同区位条件的住宅(优越区位、一般区位、较差区位)、不同面积的住宅(小户型、中等户型、大户型)、不同交通通达性的住宅(通达性高、通达性低)、不同环境水平的住宅(环境优越、环境一般、环境较差)等都会导致住宅价格产生差异，进而造成住宅价格的空间分异。正因为如此，这些不同的属性和特征构成了不同的住宅子市场。Straszheim(1975)在根据特征价格法研究住宅价格问题时，首

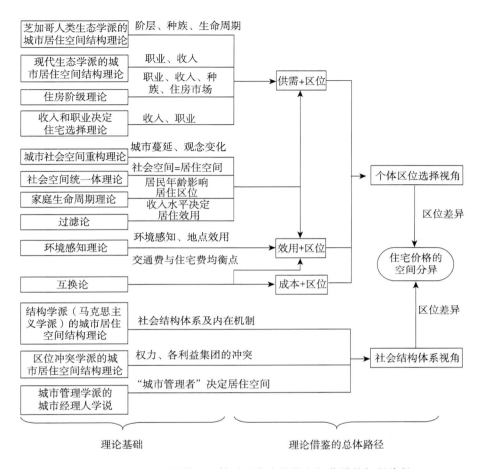

图 2-10　居住空间结构理论体系对住宅价格空间分异的解释路径

次提出了住宅子市场的研究视角，认为不同的住宅子市场内部有着不同的特征价格函数，这些特征价格函数比总体特征价格函数的精确度要高。随后，Pace 和 Gilley（1997）也认为对各个住宅子市场进行分别研究，可以提高特征价格估计的精确性。

（二）住宅子市场理论的核心思想与借鉴意义

该理论的核心思想可总结为：在研究大的住宅市场（总体住宅市场）时，应先根据各类住宅特征将总体市场划分为住宅子市场，不同子市场之间的住宅价格具有空间异质性，各个子市场内部的价格作用机理彼此不同，分别对各个子市场价格作用机理进行研究的结论，比直接对总体市场的研究更加可靠。住宅子市场理论对本书的借鉴与指导意义在于，提供了住宅市场细分的研究方法和视角，对住宅价格空间分异问题的相关研究，可在全局研究的基础上分别研究各子市场的相关问题。

第二节　住宅价格空间分异理论的借鉴意义与应用局限

上述理论对城市住宅价格空间分异问题的研究，具有重要的理论参考价值和借鉴意义，但这些理论相互交叉，并且很多理论并不仅仅是针对住宅价格空间分异问题。因此，本书对其进行系统的梳理，从住宅价格空间分异作用机理的各方面进行理论总结与分析。

一、借鉴意义

（一）各理论对城市住宅价格空间分异影响因素与作用机理的借鉴

1. 住宅自身的性质、档次与水平影响住宅价格

住宅的建筑年代、内部设施与装修、朝向、所处楼层、户型设计等因素决定了住宅的使用效用（效用理论）、住宅的结构特征（特征价格理论）和住宅子市场（住宅子市场理论），进而决定住宅价格。住宅性质（如经济适用房、普通商品房、别墅）决定了其所属的住宅子市场（住宅子市场理论），也决定了其成本的差异（成本理论），进而决定了住宅价格。

2. 住宅所处小区的建设档次与水平影响住宅价格

小区的绿化环境、整洁程度、拥挤程度、配套设施水平和居住者总体收入阶层等构成了不同的建设成本（成本理论），决定了住宅的邻里特征（特征价格理论）、使用效用（效用理论）、社区档次与质量（公共产品

组合理论)、住宅子市场(住宅子市场理论)等,进而影响住宅价格。

3. 住宅的外部作用影响住宅价格

住宅的区域位置、交通通达性、周边公共服务便利性、周边景观和绿化水平等因素决定了住宅的区位条件(地租理论、区位论、地价理论)和公共服务便利特征(特征价格理论、地方性公共物品理论)等,从而影响住宅价格。

4. 住宅的预期作用影响当前的住宅价格

这种预期包括住宅拆迁、城市发展方向变化、住宅小区综合环境改造、城市景观与环境改造等未来将发生或可能发生的事件,其会影响到当前对住宅价格的判断(预期理论)。

5. 住宅的建设成本决定住宅价格

这里的成本包括土地成本、前期费用、建材安装成本、资金成本及税费,这些成本决定了住宅价格(成本理论)。而在当前的中国房地产市场,地价往往是决定整个住宅建设成本的关键,因此地价决定了住宅价格。这些成本往往是住宅及其所处小区性质、档次与水平、住宅外部作用条件的映射。例如,高档次小区的成本往往较高;区位与交通便利性较佳、周边环境较好的住宅,其地价往往较高。

6. 住宅的均衡价格决定住宅价格

这里的均衡价格包括供需理论的供需均衡、博弈理论的博弈双方均衡、特征价格理论的卖方和买方均衡、地价理论的地价均衡等。这些均衡价格往往是其他理论的前提,也贯穿于住宅价格的其他理论之中。例如,使用效用较高、综合特征较好、区位优越、公共产品组合较好、预期较高的住宅,其住宅需求也较大,博弈双方博弈的均衡价格也较高,从而决定其最终价格较高。

（二）各理论对城市住宅价格空间分异模式的借鉴

1. 居民社会阶层属性的空间分布，影响了住宅价格空间分异的模式

其具体指居民的职业分工、收入差异等社会阶层的空间分布情况，可决定住宅价格的空间分异模式。典型的理论支持是芝加哥人类生态学派的城市居住空间结构理论、现代生态学派的城市居住空间结构理论、住房阶级理论、居民的投标租金曲线理论和社会空间统一体理论。

2. 居民的居住选择行为，决定了住宅价格空间分异的模式

居民根据各种环境因素（环境感知理论）、年龄段（家庭生命周期理论）、收入与职业（收入和职业决定住宅选择理论、过滤论）进行城市居住选择，进而构成了不同的城市居住空间，从而决定了住宅价格空间分异模式。

3. 社会结构、各类利益集团和城市经理人等制度和人为因素，影响了住宅价格空间分异的模式

其主要体现在：社会结构体系是住宅价格空间分异模式的深层原因（结构学派的城市居住空间结构理论）；不同利益集团、组织（开发商、房地产机构、金融机构）和地方政府之间的冲突影响了住宅价格空间分异模式（区位冲突学派的城市居住空间分异理论）；一系列具有决定权的人共同作用，形成了城市住宅价格空间分异模式（城市经理人学说）。

4. 区位因素与住宅价格相互作用，共同形成了住宅价格空间分异的模式

其具体包括三方面：第一，公共设施的空间分布差异影响住宅价格空间分异的模式（结构学派的城市居住空间结构理论、地方性公共物品理论）；第二，交通便利性影响住宅价格空间分异的模式（互换理论、芝加哥人类生态学派的城市居住空间结构理论）；第三，区位条件影响住宅价格空间分异的模式（芝加哥人类生态学派和区位冲突学

派的城市居住空间结构理论、互换理论)。

二、局限性

(一)住宅价格理论体系实际应用的局限性

尽管住宅价格理论体系对城市住宅价格空间分异作用机理的研究有着重要的指导和借鉴作用,但对于中国城市住宅价格空间分异问题的研究,这些理论也存在着一定的局限性,对其应辩证地运用和看待,在适合的条件下运用合适的理论。这 6 个理论对住宅价格实际问题研究中的局限性如下。

(1)供需理论的局限性。①住宅的供给缺乏"弹性"。住宅不同于一般商品,由于土地的稀缺性,土地所承载的住宅有限,即使优越区位的住宅需求再大,供给也不会增加太多。②供需理论是以同质商品为研究对象的,对具有异质性的住宅研究显现出了一定的局限性。③中国存在显著的"刚需"现象,供给的变化对需求的作用有限。④另外,还有一些现象利用供需理论解释较为苍白,例如,高档次住宅(如别墅等)的需求并不高,但价格很高;大量开发商进驻一个城市进行大规模的楼盘开发(增加了很多供给),但价格往往上涨更多,等等。

(2)效用理论的局限性。①消费者并非从住宅本身得到效用,真正的效用来自于住宅所拥有的特征及其提供的服务(Lancaster,1966),这些特征包括区位、交通便利性、周边环境、周边公共服务水平等一系列因素。例如,一些外观、施工质量、环境等较好的住宅,由于区位不佳或周边公共设施服务水平较差,其价格往往也低于一些外观、施工质量、环境等一般,但区位较好、地价较高的普通商品住宅。②忽略了产权年限或住宅性质等因素对住宅价格的影响。例如,使用效用较好的住宅,如果其住宅性质特殊(比如,为拆迁安置房)或产权年限较少(比如,产权为 40 年的公寓),其住宅价格也会相对较低。

(3)成本理论的局限性。①在当前中国住宅利润如此高的情况下,

41

成本是否会决定住宅价格值得商榷。对一些城市市区的商品房社会平均成本的测算结果表明，开发商的利润率平均约为 50%，有的楼盘高达 60% 甚至 90%（崔晓青和葛震明，2005）。在这样的利润下，成本对住宅价格的影响必然会减弱。②从目前的情况来看，住宅的主要成本来自于土地成本，但在实际操作中，土地实际成交价格的差异很大，地价决定房价的观点并不具有普适性。地价尽管能在一定程度上反映出区位优势、交通通达性、周边的公共服务水平、周边环境质量等因素，但并不能完全反映出住宅本身的质量、档次、环境、性质等对价格有重要影响的因素。例如，一些高价格的别墅楼盘一般在远离市中心的位置，其地价也不高，但住宅价格要高于地价较高的普通商品房的楼盘。另外，由于各种原因，土地成本的差异远比房价的差异大。以扬州市为例，区位相邻、土地成交年份相同的清华园和金都汇两楼盘的土地价格分别为 2970 元/m^2 和 1975 元/m^2，相差悬殊，但其住宅价格却相差无几。因此，在目前中国的住宅市场中，该理论也存在着较大的局限性。

（4）博弈理论的局限性。①其假设前提为人是理性的，而在现实的房地产市场中，人们在做决策时的理性往往是有限的，很多信息是不能被博弈双方所掌握的。②在不同的房地产市场环境下，博弈双方的地位会有较大变化，这种条件下的博弈也不能完全反映住宅价格。例如，在住宅价格快速上涨阶段，市场为卖方市场，消费者的博弈显得很单薄。

（5）预期理论的局限性。未来的预期并不能完全取决于现在的住宅价格，预期对住宅价格的影响与现实因素比起来依然较弱。况且预期是仁者见仁、智者见智，不同阅历层次、不同文化背景的人对住宅的预期不同。因此，预期理论并不能完全解释当前的城市住宅价格分异。

（6）特征价格理论的局限性。①其并没有涉及未来预期对当前住宅价格的影响。一些特征一般的住宅，其位于未来城市发展的主方向或被划定为拆迁安置房，使得其住宅价格上升，而这种因素在特征价格理论中并不能被反映出来。②该理论没有反映出住宅性质、住宅产权情况等因素对住宅价格的影响。例如，产权为 40 年的住宅或拆迁安置房或经济适用房，尽管其结构特征、邻里特征及便利特征都较好，但其价格可能也较低。③一些住房特征由于受到个体区位选择的影响，并不能完全决定住宅的需求情况，这种现象在城市边缘区较为常见。

（二）住宅区位理论体系实际应用的局限性

尽管住宅区位理论体系对城市住宅价格空间分异作用机理的研究有着重要的指导和借鉴作用，但在实际应用中也存在着一定的局限性，应有选择性地运用这些理论。其存在的局限性如下：①忽略了住宅本身的功能特质（包括建筑质量、年份、产权性质）等一些重要因子对住宅价格的影响。消费者对住宅的消费，首要关心的是住宅的功能，区位价值因素及其周边的公共服务水平不能代替住宅自身的功能价值因素。例如，一个区位条件优越、公共服务设施便利，但建筑质量和档次较差、年代久远或产权年限较少的住宅，其价格可能会低于自身特质较好的住宅。②忽略了预期作用（如住宅拆迁、城市发展方向变化等）对住宅价格的影响。例如，某住宅尽管当前的区位条件较差，但由于处于城市未来主导发展方向上，由于预期的作用，其住宅价格不会太低。

（三）居住空间结构理论体系实际应用的局限性

居住空间结构理论体系中的每个理论都对城市住宅价格空间分异模式形成机理的研究具有重要的借鉴意义，但也都存在一定的局限性。各理论的局限性总结如表 2-1 所示。

表 2-1　城市居住空间结构理论体系解释住宅价格空间模式的局限性

理论名称	对住宅价格分异空间模式解释的局限性
芝加哥人类生态学派的城市居住空间结构理论	①该理论过于借鉴生态学原理和研究范式，没有将人类特性考虑进去；②没有考虑城市发展政策和城市规划的作用；③表现出了明显的空间决定论倾向；④芝加哥人类生态学派的城市空间模式不具有普遍性
现代生态学派的城市居住空间结构理论	这种密切相关又不是绝对的。由于一些历史原因，比如，在老城区的多层住宅中，尽管其房价较高，但其居住者并非以高收入群体为主

理论名称	对住宅价格分异空间模式解释的局限性
住房阶级理论	忽略了区位特征、供需特征等对分异模式的作用
收入和职业决定住宅选择理论	忽略了其他因素对空间分异模式的影响。这种决定论必然离不开社会制度、社会现实状况、住宅的特征属性的其他因素的影响
城市社会空间重构理论	仅从社会空间结构及变动出发，忽略了其他因素对住宅价格空间分异模式的影响
社会空间统一体理论	这种社会阶层与住宅价格的匹配现象又有很多特例，例如，在市中心的租房者的社会阶层并不能完全与其高房价匹配
家庭生命周期理论	与目前中国城市房地产市场的实际情况不符，很多居民的住宅不会随着年龄的变化而经常搬迁
过滤论	这种过滤过程也必然离不开社会制度、社会现实状况、住宅的特征属性的其他因素的影响
环境感知理论	该理论过分重视个人的行为，而忽视了团体对个体行为的影响，对个人感知与环境的关系的认识过于简单化，常常受到其他学派的批评（刘旺，2004）
互换论	①中国的大多数土地采用的行政划拨和协议出让的形式，使得互换论模型中的土地价格不再是随该土地与市中心的距离的变化而变化的函数；②我国的住宅费用与交通费用相差悬殊，使得住宅费用与交通费用之间的互换难以真正实现（董昕，2001）
结构学派的城市居住空间结构理论	多应用于美国城市研究
区位冲突学派的城市居住空间分异理论	多应用于美国城市研究。由于中国政府对住宅价格干预较多，这种理论视角对中国住宅价格空间分异的研究自然具有一定的局限性
城市经理人学说	过于夸大"人为因素"对住宅价格空间分异模式形成的作用，而忽略了其他各种重要的客观因素和现实因素的作用

（四）住宅子市场理论实际应用的局限性

住宅子市场理论不能很好地对同一住宅子市场内部的价格差异现象作出有力的解释，且子市场的细分方法多以主观界定为主，选择更加合理的划分标准对研究的结果至关重要，这也是运用该理论需要注意的地方。

第 三 章

住宅优势度的理论与基本内涵

本章提出了城市住宅价格空间分异研究的新视角——住宅优势度。在阐述住宅优势度基本概念、基本特征、研究意义、理论借鉴与假设前提的基础上，提出了住宅优势度理论。该理论认为住宅优势度决定住宅价格，住宅价格是住宅优势度的货币体现。通过分析住宅优势度与住宅价格空间分异的逻辑关系，较为系统地提出了住宅优势度研究的基本框架，对其基本内涵、构成要素和评价体系进行了深入的探讨。

第一节　住宅优势度的概念与基本理论

针对目前相关理论对中国城市住宅价格空间分异影响因素和作用机理分析的局限，本节以来源于生态学的优势度概念为切入点，引出住宅优势度的概念，并对其基本内涵和研究意义进行探讨，希望以此来更好地解释城市住宅价格空间分异的影响因素和作用机理。

一、住宅优势度的概念与基本特征

（一）优势度的概念与应用

1. 优势度的概念与特点

优势度（dominance），是用来衡量优势大小的一个指标，最早来源于生态学，其原意是植物群落内某种植物种群处于何种优势或劣势状态的群落测定度。在生物界的基本结构规律中，是许多个种群构成了群落，种群与群落之间的关系是被包含与包含的关系。在自然界中，任何一个种群都不是单独存在的，而是与其他种群通过各种关系紧密联系的（李创新等，2012）。优势度的组合要素及测度角度主要包括 3 类：一是 Braun-Blanquet（1932）提出的以覆盖度为主的种势强度，即将优势度划分为完全单生长、覆盖度甚低（少数）、覆盖度较低（多数）、覆盖度稍高（较为少数）等；二是 Curtis 和 Greene（1949）等提出的通过密度（density，D）、频率（frequency，F）、覆盖度（degree of coverage，D）的测度之和构成 DFD 指数来表示综合优势度；三是由 Curtis 和 Mcintosh（1951）提出的强调种间相对优劣关系的相对优势度，是以密度、频率、覆盖度各个相对值之和来表示。

2. 优势度的应用领域

根据该概念，已有学者将优势度从生态学领域引入到区域交通评价（徐明德和王森，2009；Jin et al.，2010；吴威，2011）、区位优势评价（徐明德和王森，2009）、景观优势评价（王思远等，2003）、旅游资源评价（李创新等，2012）、农业资源利用与评价（郑海霞和封志明，2007；张斐等，2010）、产业发展评价（王子龙等，2004；田敏和田喜洲，2009）、良种基因选取（李新平和孙敦立，2000）、生态群落测评（彭少麟，1987；朱利群等，2010）、居住环境评价（Weston，2000；张文忠等，2005）、医疗服务评价（胡瑞娴等，2009）、投资效果评价（王元庆等，2004）、居住区位评价

(常瑞敏，2011)等研究领域。

（二）住宅优势度的概念与基本特征

1. 住宅优势度的概念

基于此，本书提出住宅优势度的概念，将其作为分析住宅价格空间分异问题的新路径。本书将住宅优势度的概念定义为：在城市内部，某住宅相对于其他住宅所具有的优势及其量化程度，是住宅相对优势的度量，并决定了住宅价格。

2. 住宅优势度的基本特征

1）相对性

住宅优势度是相对的。这是由于优势是在比较中产生的，因而优势具有相对性，住宅优势度是住宅优势的一个度量，因此也是相对的。

2）多样性

住宅优势度的表现形式是多样的。在分析住宅之间的优势时，可以将其分解为某一方面或某几个方面，因此优势可表现为不同的形式，可以从不同方面、不同角度分析住宅的优势度。

3）层次性

住宅优势度具有多层次。多层次的树枝状结构是住宅优势度的一个重要特点。住宅优势度是由一系列子优势度构成的，各层次的子优势度又是由相应的要素组成的。

4）结果的不唯一性

住宅优势度的结果存在不唯一性。在分析住宅优势度时，可以从数量上、性质上或其他方面认为该住宅具有优势，也可以用一个具体的数字来表现该住宅相对于其他住宅的优势度，但这个数字受到因素组成、计算方法等多方面的影响，因此优势的度量不具有唯一性，其度量可根据研究需要进行模型构建。

5）动态性

住宅优势度是动态变化的，是有具体条件的。没有永恒的优势，也没有永恒的劣势。住宅优势度的存在是有条件的，例如，时间的变化、区域情况的改变、预期的升降等多种组成因素如果发生重大变化，其优势也随之变化，因此，住宅优势度不是永恒的。

3. 住宅优势度的应用价值

（1）具有可分解性，且分解后的得分依然有意义。住宅优势度模型可根据住宅优势度各个构成要素层次进行分解，分解后的各个子得分依然有意义，可以相互比较。通过下一层次的构成要素的总和，即可得出上一层次构成要素的得分。

（2）可作为影响因素强度的度量值，直接用于作用机理的定量分析和计算。住宅优势度的构成要素与影响因素的评价因子具有同一性，因此各个层次的住宅优势度得分可直接作为相应层次影响因素强度的得分，用该得分可直接与住宅价格进行回归分析，进而探索住宅价格的主要影响因素。

（3）可计算住宅的理论价格，判断实际住宅价格的"合理性"。由于住宅价格是住宅优势度的货币体现，对某个住宅的优势度的测度结果可以判断该住宅现实价格的合理性，进而判定其价格是否存在"潜力"或"泡沫"。

（4）可作为合理划分住宅子市场的重要依据。仅采用某一方面的因素对住宅子市场进行划分难免顾此失彼，划分结果往往也不是最优的。而根据住宅优势度中要素构成层的得分对住宅子市场进行划分，则可以最大限度地保证划分结果的合理性。这种合理性体现在：①子市场内部的同一性；②子市场之间的异质性。因此，住宅优势度测度模型可以作为住宅子市场划分的新视角。

二、住宅优势度理论及其基本思想

（一）住宅优势度理论与解释路径

1. 住宅优势度理论的核心思想

在住宅优势度概念的基础上，提出住宅优势度理论。其核心思想是：住宅优势度决定了住宅价格，住宅价格是住宅优势度的货币体现；城市内部各住宅间的优势度差异，决定了其住宅价格的空间分异；住宅优势度差异问题是研究住宅价格空间分异问题的前向切入点和后向反馈点；住宅优势度是由一系列构成要素决定的，这些构成要素就是住宅价格空间分异的影响因素，而这种构成要素的特征和变化是在各自驱动力的作用下形成和改变的。

2. 住宅优势度理论对住宅价格空间分异问题的解释路径

住宅优势度理论对住宅价格空间分异影响因素和作用机理的解释意义在于，住宅优势度的各种构成要素与住宅价格的各类影响因素具有同一性，这些影响因素的变化会影响住宅的优势度，进而影响住宅价格。因此，对住宅价格空间分异作用机理的研究可以从住宅优势度的视角切入(图 3-1)，使得住宅价格的各类影响因素直接通过住宅优势度"量化"。这种视角与传统住宅价格分异机理的解释路径相比，为我们提供了一个新的切入点和分析路径。

（二）住宅优势度理论的理论借鉴与假设前提

住宅优势度理论的理论借鉴和假设前提，是该理论体系建构的重要基础和支撑。其中，理论借鉴包括概念的理论借鉴、要素构成的理论借鉴和与住宅价格逻辑关系的理论借鉴等；假设前提包括住宅市场基本特征与环境的假设前提和买卖双方状态的假设前提等方面。

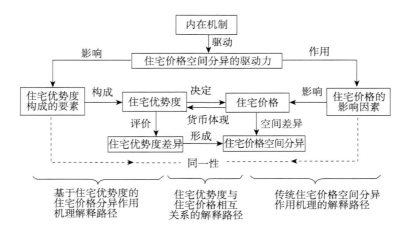

图 3-1　住宅优势度对住宅价格空间分异问题解释的总体路径图

1. 住宅优势度理论的理论借鉴

住宅优势度首先借鉴优势度理论，根据优势度的概念，形成了住宅优势度的概念。住宅优势度的各类构成要素则是借鉴了影响住宅价格的相关理论，包括供需理论、效用理论、成本理论、预期理论、博弈理论、特征价格理论、地租理论、区位论、地价理论和地方性公共物品理论。而住宅优势度与住宅价格的逻辑关系，则借鉴了住宅价格理论体系。因此，上述基本理论是住宅优势度理论形成的基本理论基础与借鉴(图 3-2)。

2. 住宅优势度理论的假设前提

任何一门学科要进行系统的研究和分析，都要进行某些理论上的假设和抽象。每一种理论或学说的构建都有其一定的适用条件，并存在着赖以产生的假设前提。对住宅价格问题的理论研究也是如此，因为住宅价格问题是复杂的，住宅买卖双方的经济行为也是多样的，不可能单纯地从实际住宅交易现象中得出正确的理论抽象。住宅优势度理论的构建也存在着相应的理论假设。这些假设包括住宅交易市场是垄断竞争市场，住宅市场的短期供给缺乏"弹性"，住宅买卖双方为理性的经济人，住宅买卖双方可以自由进入或退出，住宅交易各个主体对住宅优势度的各要素具有同向同等的感受，具体如下。

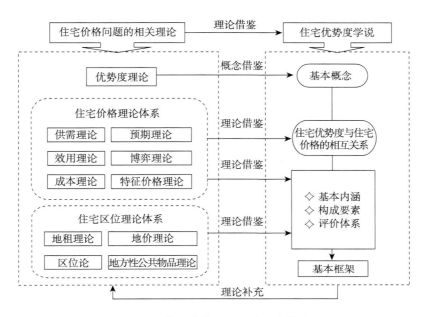

图 3-2 住宅优势度理论的理论借鉴

1）假设住宅交易市场是垄断竞争的市场

垄断竞争是一种介于完全竞争和完全垄断之间的市场组织形式，在这种市场中，既存在着激烈的竞争，又具有垄断的因素。垄断竞争市场是指一种既有垄断又有竞争，既不是完全竞争又不是完全垄断的市场，是处于完全竞争和完全垄断之间的一种市场，这基本符合中国城市住宅交易市场的特征。垄断竞争市场最重要的特征是：不同厂商的产品不是同质的，但彼此间是非常接近的替代品。正因为这种异质性，所以具有一定的垄断力量，但因为彼此是很相似的替代品，所以具有竞争，住宅市场亦如此。不同类型的住宅（如别墅、普通商品房）等或不同区位的住宅（如学区房、滨水景观房、市中心稀缺的高档住宅、地铁沿线住宅）等，都与一般类型的住宅存在着异质性，从而具有垄断特征。但具有这些特征的住宅并不唯一，因此同类型住宅之间也存在着竞争。

2）假设住宅市场的短期供给缺乏"弹性"

住宅产品与其他商品不同，其短期供给缺乏弹性，这首先就是城市土地资源的不可再生性和稀缺性造成的。土地的自然供给是固定的、缺乏弹性的，加之中国城市每年新增的城市建设用地指标有限，导致在一定时期内土地供给总量基本上恒定，至少不会大幅增加，最终表现为土地供不应求，从而决定了住宅的供给在短期内缺乏弹性。另外一个原因是，国家对土地的垄断性，中国城市实行的是土地所有权公有制，城市土地的所有权属于国家，在房地产交易市场中交易的只是土地使用权，各级政府是土地使用权的唯一供给者，这样便形成了土地市场的供给垄断性。土地的有限性、不可再生性、有效供给的稀缺性和土地所有权的垄断性，使得建立在土地之上的住宅的有效供给，在一定的地域和时间内数量有限，在短期内缺乏"弹性"。

3）假设住宅买卖双方为理性的经济人

"理性经济人"是指作为经济决策的主体都是充满理性的，所追求的目标都是使自己的利益最大化。即假定人都是利己的，而且在面临两种以上选择时，总会选择对自己更有利的方案。"理性经济人"的来源可以追溯到亚当·斯密在《国富论》中所阐述的观点，之后经济学对此不断完善和充实，这一假设是西方经济学进行理论建构和研究的重要假设前提。如果缺少了一定的假设条件，就很难进行理论研究与经济分析。"理性经济人"的假设具体是指消费者追求效用最大化；厂商追求利润最大化；要素所有者追求收入最大化；政府追求目标决策最优化。中国城市的住宅市场是复杂的，住宅价格的作用机理也是多方面的，人的经济行为也是多种多样的，对人是"理性经济人"的假设是很有必要的。因此，在住宅买卖过程中的假定前提是：买方追求效益最大化，卖方追求利润最大化。只有在此前提下，住宅优势度理论才能发挥其作用。

4）假设住宅买卖双方可以自由进入或退出

住宅买卖双方可以自由进入或退出，是住宅优势度与住宅价格相互作用关系的重要前提条件。对于买方来说，自由进入市场是指对住房的购买没有一系列的住宅"限购政策"，自由退出市场指如果不想购买住房，可以租住住房，或如果不想购买某种类型的住房或某区位的住房，可以购买其他类型或地段的住房。对于卖方而言，也可以自由地卖出，而不受政策的约束，如果没有卖出，也不会直接影响到卖方的基本生存。

5）假设住宅交易的各个主体对住宅优势度各要素具有同向同等感受

这包含两个方面的含义：一是住宅优势度组成的各类要素对买卖双方具有同向同等感受，例如，环境好、档次高、区位优越的住宅对买卖双方的感受均为正向的，且感受程度相似；二是任何买方对住宅的同一要素都具有同向同等感受。因此，为了简化研究，这里不考虑不同人群对这些因素的不同偏好。这两方面也是住宅优势度理论建立的重要前提。

以上分析表明，上述的 5 类假设前提与中国城市住宅市场的实际情况极其相符，因此住宅优势度理论也将具有较强的理论和应用价值。

（三）住宅优势度与住宅价格的相互关系

目前，专门适用于中国城市住宅价格空间分异影响因素和作用机理的相关理论研究仍然不足，针对目前对相关内容研究的理论局限，本书从新的研究视角，即住宅优势度决定住宅价格，住宅价格是住宅优势度的货币体现，城市内部住宅优势度差异决定了其住宅价格空间分异这一逻辑关系，来研究中国城市住宅价格空间分异的相关理论与实践问题（图 3-3）。希望以此来更好地解释城市住宅价格空间分异的作用机理。

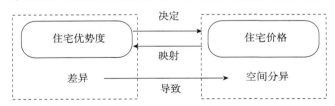

图 3-3　住宅优势度空间差异与住宅价格空间分异相互关系的框架图

1. 住宅优势度决定住宅价格，住宅价格是住宅优势度的货币体现

根据供需理论，住宅优势度越大，住宅越可能吸引购房者，从而使得住宅的需求越大。而由于优质公共资源的稀缺性，优势度越大的住宅，其有效供给会越少。需求大，供给少，从而导致价格较高。根据博

弈理论，住宅的卖方（包括开发商和二手房卖方）期望卖出超过与住宅优势度相匹配的更高的住宅价格，而买方则期望通过较低价格买到较高优势度的住宅，这样买卖双方通过上述博弈，最终出现均衡价格，即住宅价格。因此，根据上述两种理论可以认为住宅优势度决定了住宅价格，研究住宅价格问题应首先研究其住宅优势度。而住宅价格映射出了该住宅的优势度大小，住宅优势度是住宅全部价值的综合体现。而根据价格理论，住宅价格是住宅综合价值的货币体现，因此可以说住宅价格是住宅优势度的货币体现。住宅价格空间分异是表象，而深层次的原因是住宅优势度的空间差异（图 3-4）。因此，对住宅优势度的研究，是对住宅价格问题研究的新视角和重要切入点。

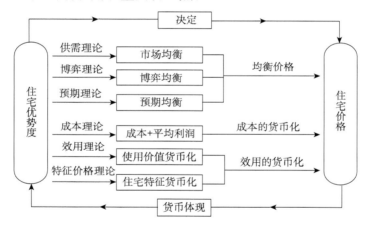

图 3-4　住宅优势度与住宅价格相互作用的框架图

2. 住宅优势度的差异决定住宅价格的空间分异

在城市中，不同类型、不同区位、不同特征的住宅具有不同的优势度，这样住宅优势度的大小必然存在着空间差异。住宅优势度决定了住宅价格，因此住宅优势度的空间差异必然决定了城市住宅价格的空间分异。可以说，住宅优势度是研究住宅价格空间分异问题的前向切入点。另外，住宅价格的空间分异现象又反过来体现着城市住宅优势度的空间差异，所以住宅优势度空间差异又是住宅价格空间分异的后向反馈点（图 3-5）。

图 3-5 住宅优势度空间差异与住宅价格空间分异相互关系的框架图

(四) 住宅优势度理论的应用意义

住宅优势度理论的提出，是对住宅价格空间分异问题相关理论研究的有益补充，也是对当前中国城市住宅价格相关问题的直接响应，也有助于深刻地理解中国特色的城市住宅价格空间分异的相关问题，具体包括以下几个方面。

1. 为住宅价格空间分异的机理解释，提供了明确可操作的研究视角

已有的相关理论从不同视角和机制角度对住宅价格空间分异问题进行解释，但正是理论视角的差异导致了解释路径的"顾此失彼"，每个理论都不能全面地解释住宅价格空间分异的作用机理。因此，住宅优势度将各个理论对住宅价格问题解释的核心路径相融合，从各个理论出发的住宅价格影响因素都能够在住宅优势度的各构成要素中找到，机理的解释更加全面。而住宅优势度的各构成要素也可以进行分类剖析，使得研究更具可操作性。这样住宅优势度的研究视角吸收了各理论的精华，进而更加全面地解释了住宅价格的空间分异机理。更重要的是，其为住宅价格影响因素强度及其回归分析的计算提供了更加简化的方法和视角。

2. 对住宅价格空间分异相关理论的有益补充

国外成型的相关理论对中国城市住宅价格空间分异的解释或多或少存在着局限性，而国内在此领域的基础理论研究仍较薄弱。住宅优势度的概念专门针对中国城市住宅价格空间分异的影响因素、作用机理与模式的相关理论研究，从新的概念和研究视角对住宅价格空间分异的作用机理进行了理论解释，对国内该领域的研究起到了有益的理论补充

作用。

3. 对我国现实住宅价格问题的直接响应

目前，中国住宅价格问题关系到人民的安居生活、社会公平、社会和谐和房地产市场的健康可持续发展。对住宅价格问题的研究迫在眉睫，学术界不仅需要对城市整体住宅价格走势进行研究，更需要对城市内部住宅价格分异进行研究。住宅优势度的概念直接映射到住宅价格形成的影响因素和作用机理，其各种构成要素和内涵都有力地反映了中国城市住宅价格问题的多个方面，是对住宅价格这一重大现实问题的有力响应。另外，基于住宅优势度视角的理论价格计算，又为城市内部同一时期住宅价格合理性的判定提供了坚实的方法与理论基础。

4. 为相关城市问题的解决提供参考

住宅价格空间分异映射或引发了公共服务设施配置的空间失衡、居住空间失配、职住分离、居住隔离等城市问题和社会问题。对住宅优势度中公共服务便利性、居民的收入阶层、区位与交通便利性等问题的研究，可进一步提高对城市住宅价格空间分异作用机理的认识，为解决相关城市问题提供理论参考。

5. 为不同性质住宅的合理空间配置与优化提供支撑

目前，多数城市面临着住宅拆迁和保障性住房的区位边缘化，从而引起了新的居住空间重构。对住宅优势度中涉及的住宅自身性质与特征的研究，对评价和缓解该类问题具有实践参考价值。

第二节　住宅优势度的基本内涵、构成要素和评价体系

住宅优势度的基本内涵、构成要素与评价体系是住宅优势度理论的核心内容。三者具有表象的层级关系和本质的同一关系，因此本书将三

者一并研究，并分别阐述了对住宅价格问题研究的指导意义、总体构成框架、详细的构成层次和具体内容。

一、住宅优势度的基本内涵、构成要素与评价体系的相互关系及指导意义

住宅优势度的基本内涵是在城市内部，某住宅相对于其他住宅所具有优势的量化程度，是住宅相对优势的度量。其具体包括了单户住宅档次与水平、小区建设档次与水平、区位与便利性、周边景观与环境四大方面，其中，前两项内涵构成了住宅自身的优势度，后两项内涵构成了外部作用优势度，并由预期作用进行补充与修正。

住宅优势度的构成要素，指组成住宅优势度基本内涵的要素系统，包括住宅性质与新旧、住宅建筑特征、小区综合环境、小区档次、区域位置、生活便利性、周边景观水平、周边环境质量八大要素。其中，每两项要素构成上一层级的住宅优势度基本内涵，最终依然可以归并为住宅自身要素和外部作用要素两大方面。

住宅优势度的评价体系，是指评价住宅优势度高低的各层级评价指标的体系集合。其评价指标包括 24 个：住宅性质、产权年限、建筑年代、内部设施与装修、住宅朝向、所处楼层、户型设计、小区绿化环境、小区整洁程度、小区拥挤程度、小区配套设施水平、居民总体收入阶层、所处圈层、所处区域或板块、所属商圈、交通便利性、基础教育便利性、医疗与文体活动便利性、周边绿化景观水平、周边滨水景观水平、周边地标景观带动、周边生产性用地影响、周边市政设施影响、周边城中村影响。这些评价指标分别用于评价住宅优势度的 8 个基本构成要素，进而可评价住宅优势度的基本内涵。整个评价系统就构成了住宅优势度 4 个层级的评价体系。

（一）住宅优势度的基本内涵、构成要素与评价体系的相互关系

1. 本质内容的同一关系

住宅优势度的基本内涵、构成要素与评价体系的同一关系，是指其本质内容的同一性。其具体体现在：住宅优势度的内涵是住宅优势度概念的实质内容；构成要素是组成住宅优势度各层级的系统因素；评价体系是评价住宅优势度高低的各层级评价指标的体系集合。住宅优势度的内涵、构成要素和评价体系三者具有紧密的同一性，尽管概念名称不同，但其深层次内容是一致的。住宅优势度内涵的核心内容，就是住宅优势度的各个构成要素。而这些构成要素又与住宅优势度的评价体系具有同一性，评价体系评价的对象就是住宅优势度的构成要素。因此，本书将这 3 个重要概念一并研究与阐述（图 3-6）。

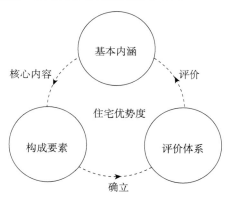

图 3-6 住宅优势度的基本内涵、构成要素、评价体系之间的同一关系

2. 狭义概念的层级关系

住宅优势度的基本内涵、构成要素与评价体系在狭义概念上具有层级关系：24 个评价指标用于评价 8 个构成要素，而这 8 个构成要素组成了 4 个基本内涵，并进一步构成两大内涵，从而形成住宅优势度。

（二）住宅优势度对住宅价格研究的指导意义

住宅优势度的核心内容对住宅价格问题研究的指导意义主要表现在：住宅优势度的基本内涵，可以解释住宅价格的形成机理；住宅优势度的构成要素，可以解释住宅价格的影响因素；住宅优势度的评价体系，可以指导住宅的理论价格，判断住宅价格的合理性。因此，对住宅优势度的相关研究是住宅价格问题研究的重要切入点。

1. 住宅优势度的基本内涵，可以解释住宅价格的形成机理

根据本书阐述的住宅价格与住宅优势度之间的相互关系可知，住宅优势度的基本内涵是住宅价格形成机理中的重要组成部分。住宅价格构成要素可以通过住宅优势度基本内涵这一新的视角进行解释。住宅价格是住宅优势度的货币体现，住宅价格是表象，住宅优势度是住宅价格形成的深层次原因。因此，对住宅优势度基本内涵的研究，是对住宅价格形成机理研究的新视角和重要切入点。

2. 住宅优势度的构成要素，可以解释住宅价格的影响因素

构成住宅优势度各层级的要素系统，可以作为影响住宅价格高低的各层因素系统。这样对住宅价格影响因素的研究，就可以对住宅优势度各构成要素的研究作为切入点。根据前述的住宅价格与住宅优势度的相互关系，住宅优势度的构成要素与住宅价格的影响因素具有同一性。住宅价格的各个影响因素是表现形式，而住宅优势度的各构成要素则是深层内涵。

3. 住宅优势度的评价体系，可以指导住宅的理论价格，判断住宅价格的合理性

住宅优势度的评价体系，可以计算住宅优势度高低的数值。住宅价格是住宅优势度的货币体现，因此住宅优势度的评价体系可以评价住宅价格高低的合理程度，以及对未定价住宅的估价。这样住宅优势度评价体系可以作为住宅估价过程的基本方法之一，也可以作为衡量城市内部某住宅价格是否过高或过低的基本依据。

二、住宅优势度的基本内涵、构成要素与评价体系的基本内容

（一）住宅优势度的核心组成框架

通过借鉴住宅价格空间分异已有的两个理论体系可知，住宅优势度的内涵从大的方面包括了住宅自身优势度和外部作用优势度两大类。其中，住宅自身优势度内涵的主要理论基础是住宅价格理论体系，与住宅建筑本身及其所在小区的档次和综合环境水平有关，是住宅自身的各种构成要素对住宅优势度的影响度量。外部作用优势度内涵的理论基础是住宅区位理论体系，与住宅的区位、便利性、周边景观与环境等因素相关，是区位及周边因素对住宅优势度的影响度量。二者相互影响，相互作用，共同构成了住宅优势度。

根据预期理论，住宅自身优势度和外部作用优势度的内涵，都不仅仅由现实中的各要素构成，也由预期要素进行补充和修正。住宅未来的升值空间会影响当前的价格，预期要素实际上是未来可能形成的"现实优势度要素"，也间接地决定了当前的住宅优势度。住宅优势度是现实构成要素的映射，又是预期构成要素的提前反映（图 3-7）。将预期因素考虑到住宅优势度中，才能更好地反映真实的住宅优势度的内涵。

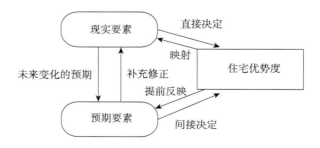

图 3-7　住宅预期构成要素对住宅优势度影响的作用关系

因此，住宅优势度的核心框架为：住宅优势度由基于住宅价格理论体系的住宅自身优势度和基于住宅区位理论体系的外部作用优势度共同构成，而基于预期理论的预期构成要素又对住宅现实要素进行补充和修正，使得住宅优势度既能体现出住宅的现实情况，又能反映出预期的影响与作用（图 3-8）。

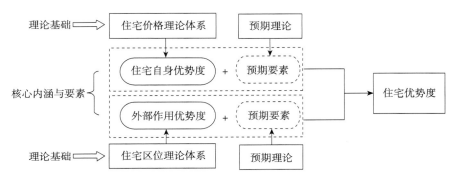

图 3-8 住宅优势度的核心组成框架

（二）住宅优势度的构成要素与评价体系

1. 住宅优势度的构成要素

根据前文阐述的住宅优势度的基本内涵与构成要素的核心框架，进行其基本内容的研究。住宅自身优势度的内涵，可包括单户住宅档次与水平和小区建设档次与水平两方面，这两方面又分别受到住宅拆迁安置预期和小区综合环境改造预期的作用和补充；外部作用优势度包括了区位与便利性和周边景观与环境两大类，这两大类也分别受到预期因素的影响和补充。这 4 项内容共同构成了基本内涵的三级系统，这些基本内涵又分别由 8 个要素构成，共同形成了住宅优势度的内涵与要素的基本内容（表 3-1）。

表 3-1 既是住宅优势度基本内涵的综合体现，也是其构成要素及其相互包含关系的直接表现，更可作为住宅优势度大小的评价体系框架。这个系统有机、统一地体现了住宅优势度的基本内涵和构成要素，也为

住宅优势度评价体系的建立提供了基本框架。

表 3-1   住宅优势度的构成要素

基本内涵层		预期补充层		构成要素层
目标系统	二级系统	三级系统	预期系统	四级系统
住宅优势度(HD)	住宅自身优势度(SD)	单户住宅档次与水平(SD_1)	住宅拆迁安置预期(E_1)	住宅性质与新旧;住宅建筑特征
		小区建设档次与水平(SD_2)	小区综合环境改造预期(E_2)	小区综合环境;小区档次
	外部作用优势度(WD)	区位与便利性(WD_1)	区位与便利性改善预期(E_3)	区域位置;生活便利性
		周边景观与环境(WD_2)	周边景观与环境改善预期(E_4)	周边景观水平;周边环境质量

将表 3-1 中体现的住宅优势度的构成要素系统绘制成住宅优势度的要素"构成盘"(图 3-9),以便更清晰、更明确地展示住宅优势度构成要素的相互包含关系。其中,核心圈层为目标系统——住宅优势度。由内向外依次为二级系统、三级系统和四级系统。预期系统也通过作用于四级系统而间接影响住宅优势度的大小。"住宅优势度构成盘"中各个要素的影响方向为"由外向内",并且有黑色实心线作为影响的分隔线。另外,该构成盘还可以根据不同研究需要和数据获得程度继续向外延伸。例如,小区综合环境可以根据实际研究情况选择若干个指标进行综合评价,进而得出住宅优势度的评价体系;住宅建筑特征也可以由多个特征进行综合打分。

2. 住宅优势度的评价体系

住宅优势度的评价体系由一系列评价指标构成,而这些评价指标评价的对象,即住宅优势度的各个构成要素。通过评价各个构成要素,进而评价住宅优势度的大小。各个住宅优势度分别由 2~4 个指标评价构成,当然这些评价指标也依然受到预期因素的修正和补充。其中,住宅性质与新旧由住宅性质、产权年限、建筑年代、内部设施与装修评价构

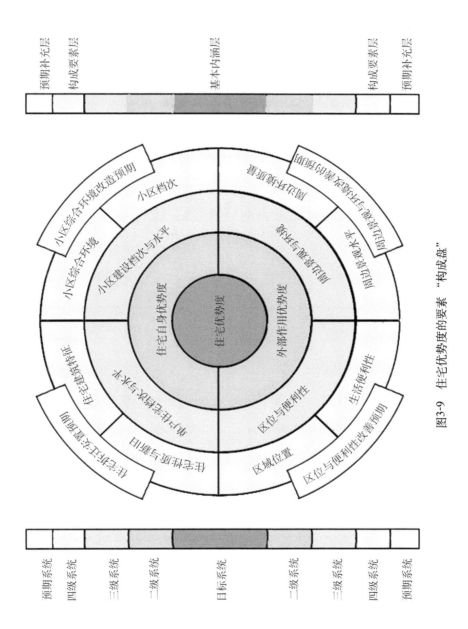

图3-9 住宅优势度的要素"构成盘"

成；住宅建筑特征由住宅朝向、所处楼层、户型设计评价构成；小区综合环境由小区绿化环境、整洁程度和拥挤程度评价构成；小区档次由小区配套设施水平和居民总体收入阶层评价构成；区域位置由住宅所处的圈层、城区或板块、商圈评价构成；生活便利性由交通便利性、基础教育便利性、医疗和文体活动便利性评价构成；周边景观水平由绿化景观水平、滨水景观水平和地标景观带动评价构成；周边环境质量由生产性用地(工业与仓储用地)影响程度、周边市政设施影响程度和周边城中村影响程度评价构成。这些评价指标共同构成了住宅优势度的评价体系，也构成了住宅价格影响因素的基本因子(表 3-2 和图 3-10)。

表 3-2   住宅优势度的评价体系

住宅自身优势度构成要素	住宅自身优势度评价指标	外部作用优势度构成要素	外部作用优势度评价指标
F_1：住宅性质与新旧	F_{1-1}：住宅性质	F_5：区域位置	F_{5-1}：所处圈层
	F_{1-2}：产权年限		F_{5-2}：所处区域或板块
	F_{1-3}：建筑年代		F_{5-3}：所属商圈
	F_{1-4}：内部设施与装修		
F_2：住宅建筑特征	F_{2-1}：住宅朝向	F_6：生活便利性	F_{6-1}：交通便利性
	F_{2-2}：所处楼层		F_{6-2}：基础教育便利性
	F_{2-3}：户型设计		F_{6-3}：医疗与文体活动便利性
F_3：小区综合环境	F_{3-1}：小区绿化环境	F_7：周边景观水平	F_{7-1}：周边绿化景观水平
	F_{3-2}：小区整洁程度		F_{7-2}：周边滨水景观水平
	F_{3-3}：小区拥挤程度		F_{7-3}：周边地标景观带动
F_4：小区档次	F_{4-1}：小区配套设施水平	F_8：周边环境质量	F_{8-1}：周边生产性用地影响
	F_{4-2}：居民总体收入阶层		F_{8-2}：周边市政设施影响
			F_{8-3}：周边城中村影响

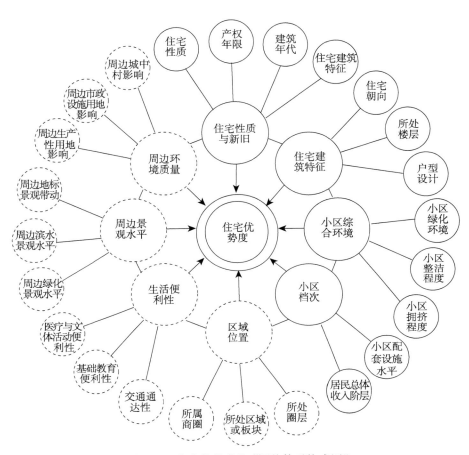

图 3-10　住宅优势度的"评价体系构成圈"

第 四 章

基于住宅优势度的城市住宅价格空间
分异影响因素与作用机理

本章基于住宅优势度视角，提出了城市住宅价格空间分异的影响因素体系与综合评价建议。以此为基础，从供需和成本两大视角分析了住宅价格空间分异的作用机理，并探讨预期机制对住宅价格的补充与修正机理。最后，分析了城市住宅价格空间分异的外在驱动力和内在原动力。

第一节　城市住宅价格空间分异的影响因素

城市住宅价格空间分异的影响因素，是其作用机理研究的基础和前提。根据住宅优势度与住宅价格之间的同一关系，城市住宅价格影响因素的研究可基于住宅优势度理论的视角。因此，住宅优势度的 8 个构成要素，即住宅价格空间分异的 8 大影响因素；而住宅优势度的 24 个评价指标也是评价住宅价格空间分异影响因素的评价因子(图 4-1)。本书对住宅价格空间分异影响因素的研究，也是对上述住宅优势度构成要素选择的具体理论支撑和详细解释，而且各层次影响因素的强度评价就是住宅优势度大小的评价。与住宅优势度的构成体系一样，住宅价格空间分异的影响因素总体上分为住宅自身影响因素和外部作用因素。各影响因素内又分为很多子因素，各个子因素又由不同的评价因子表示，最终共同构成了城市住宅价格空间分异的影响因素体系。

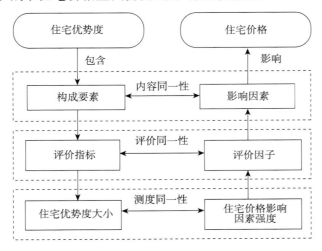

图 4-1　住宅优势度构成要素与住宅价格影响因素的同一关系

需要指出的是，本书影响因素的选取，主要是针对能使住宅价格"空间分异"的因素，而一些经济和金融（如 GDP、通货膨胀、货币供应、利率、汇率、房地产市场宏观情况）等因素只能对城市房价起到总体上的"同涨同落"的影响，很难使城市内部的住宅价格出现分异，因此这些经济和金融等宏观市场因素不在本书的研究范围之内，这也是本书以地理学为研究视角的特点所在。

一、城市住宅价格空间分异的住宅自身因素

住宅自身因素，是指单户住宅本身及其所在住宅小区的建设档次和水平。这两方面对住宅价格均有影响。例如，某户住宅的装修与设施水平、朝向、楼层等优势度很大，但其所在小区的建设档次和水平较低，

其总体价格则不会太高;同理,建设档次和水平较高的小区,也存在朝向、楼层或户型不佳导致价格较低的单户住宅。如果以小区为单位进行实际研究时,可将这两方面合并考虑。

(一)单户住宅的档次与水平

单户住宅的档次与水平具体可包括住宅性质与新旧、住宅建筑特征两大方面。其中,住宅性质与新旧包括住宅性质、产权年限、建筑年代和内部设施与装修4个因子;住宅建筑特征包括住宅朝向、所处楼层和户型设计3方面。其主要以效用理论、预期理论、住宅子市场理论、地价理论、成本理论、特征价格理论为基础(图 4-2)。

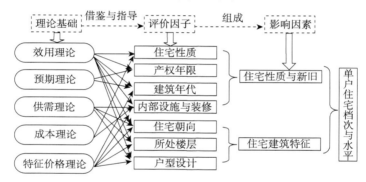

图 4-2 单户住宅档次与水平因素的构建过程及其理论基础框架图

1. 住宅性质与新旧决定了住宅自身的优势度

一是住宅性质与产权对住宅自身优势度的影响很大。根据效用理论,别墅的使用效用显然要高于其他住宅类型;根据成本理论,一般地,普通商品房的建设成本要高于保障性住房成本,因此普通商品房的价格也较高。根据效用理论和预期理论,产权年限为 40 年的住宅,由于其使用年限少,其投资效用降低,预期也较差,优势明显低于产权为 70 年的住宅。以扬州市产权为 40 年的金鼎国际公寓和产权为 70 年的彩虹苑作比较,二者的建设年份、小区档次与水平、区位、交通便利性、周边服务设施水平、周边环境等均相似,但金鼎国际公寓 2012 年的价格仅为 6050 元/m²，而彩弘苑的价格达 8898 元/m²，价格差距极为明显。这表明在其他条件相似的情况下，70 年产权的住宅具有较大的优势。

二是住宅建筑年代和内部设施与装修水平，也会显著地影响住宅自身的优势度。建筑年代是表示住宅新旧程度最重要的度量方式。根据效用理论和特征价格理论，住宅年代越久远，建筑越破旧，居住效用越差，享乐水平越差，吸引程度越低，其优势度就越低，且建筑年代的新旧往往决定了住宅及其小区的整体档次与水平。从住宅投资的预期来看，年代越久远的住宅所剩产权的时间越少，预期越大，住宅优势度越低。住宅内部设施与装修水平会显著地影响住宅的使用效用和住宅的享乐水平，也与住宅成本密切相关。根据效用理论、特征价格理论和成本理论，住宅内部的设施与装修水平越高，住宅优势度越大，而根据供需理论，内部设施与装修水平越高的住宅，需求越大，进而价格越高。

2. 住宅建筑特征影响了住宅自身的优势度

住宅建筑特征具体包括住宅的朝向、楼层、户型 3 个方面，与特征价格理论、效用理论和供需理论密切相关。住宅朝向影响采光和通风，直接影响住宅的舒适度。楼层的影响更明显，一般地，对多层住宅来说，顶层的住宅由于爬楼梯困难、容易漏雨等原因，价格较低，一层的住宅由于采光较差、防盗安全性低、下水道容易上涌等原因，价格一般也较低(但如果能作为门市房经营，价格则很高)。而第三层、第四层由于各方面的居住条件较为舒适，价格较高。对于小高层和高层住宅来说，由于有电梯，楼层越高，采光越好，景观也越好，其价格越高。而户型设计的好坏将会直接影响住宅使用的效用、享乐程度和需求水平，因此，被常人喜爱的户型，其价格往往较高。

(二) 小区建设档次与水平

小区建设档次与水平因素，具体包括小区综合环境(小区绿化环境、整洁和安静程度、拥挤程度)和小区档次(小区配套设施水平、居民总体收入阶层)两方面。其主要以特征价格理论、效用理论、供需理论和成本理论为基础(图 4-3)。

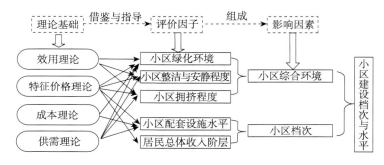

图 4-3　住宅小区建设档次与水平因素的构建过程及其理论基础框架图

1. 小区综合环境是住宅自身优势度的外在体现

其具体体现在小区绿化环境、整洁和安静程度、拥挤程度 3 个方面。根据特征价格理论、效用理论、成本理论和供需理论，在其他条件相同的情况下，小区的绿化环境越好、整洁和安静程度越高、拥挤程度越低，其享乐程度越高、使用效用越大、成本越高、环境吸引力越大，使得小区综合环境优势度越大，需求越大，其住宅价格也越高。

2. 小区档次是住宅自身优势度的内在决定因素

其具体体现在小区配套设施水平和居民总体收入阶层两方面。根据公共产品组合理论、特征价格理论、效用理论、成本理论和供需理论，小区内各种配套设施越完善、设施质量和水平越高，其优势度越大。根据特征价格理论，居住在小区内的居民总体收入越高，其小区的整体档次越高，优势度也越大。

（三）预期因素对住宅价格自身因素的作用与修正

住宅自身改变的预期主要来自两方面：一是住宅拆迁安置预期；二是小区综合环境改造预期。这种情况的预期多数是针对老旧住宅小区而言的。如果交易双方事先获得这种预期，会影响到现实住宅优势度的评价，进而影响到住宅价格。如果某小区获得了综合环境改造的信息，其住宅在未来的环境水平上会有较大提升，卖方将会对其所属住宅有新的估价和认识（即提高了住宅优势度），买方也会更多地关注该小区，使得价格上升。如果住宅有被拆迁的消息，卖方会出现惜售现象，而买方则需求增大，导致价格上升。即使没有拆迁的确切消息，但卖方估计其住宅在未来一段时间内可能拆迁，也会提升该住宅的优势度，从而导致价格上升。住宅拆迁安置的预期主要是对单户住宅的档次与水平因素进行了补充和修正，小区综合环境改造预期则是对小区建设档次与水平进行了修正（图 4-4）。

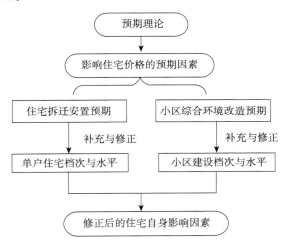

图 4-4　预期因素对住宅自身影响因素的补充与修正路径

（四）住宅自身因素的构建过程及其理论基础总结

综上所述，住宅自身因素包括单户住宅档次与水平和小区建设档次与水平两方面。其中，单户住宅的档次与水平包括住宅性质与新旧、住宅建筑特征两方面；小区建设档次与水平包括小区综合环境和小区档次两方面。而预期因素分别为住宅拆迁安置预期和小区综合环境改造预期，这些分别对单户住宅档次与水平和小区建设档次与水平进行了补充与修正。住宅自身影响因素构建的理论基础以住宅价格理论体系为主，其构建过程和理论借鉴如图 4-5 所示。

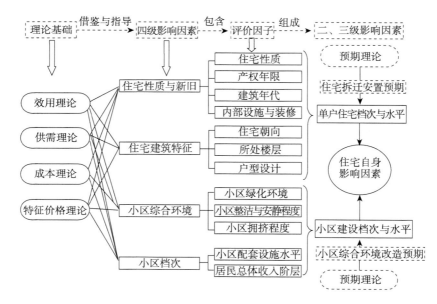

图 4-5　住宅自身影响因素的构建过程及其理论基础框架图

二、城市住宅价格空间分异的外部作用因素

住宅外部作用因素，是指除住宅本身及其所在小区以外的其他因素对住宅价格的影响，具体包括区位与便利性和周边景观与环境两大方面。住宅价格固然是由住宅自身的各类因素决定的，但外部作用对住宅价格的影响也不可小觑。以扬州市尚城小区的小高层组团为例，其住宅和小区本身的档次与水平较高，但其区位和公共服务便利性等外部因素较差（所处的区位较差，周边公共服务设施不完善，交通便利性不高），导致其价格较低，2012 年的价格仅为 6455 元/m²，远低于扬州市住宅平均价格（8130 元/m²）。而尽管砚池新寓老组团小区建设的档次与水平一般，建设年代也比尚城小区的小高层组团早了 10 年，但由于其外部环境较好（区位与交通便利性较好，周边公共服务设施便利，邻近荷花池公园），2012 年其价格高达 9456 元/m²。因此，外部作用因素对住宅价格的影响与住宅自身因素同等重要。

（一）区位与便利性

区位与便利性因素具体包括区域位置和生活便利性两大方面。其中，区域位置包括所处圈层、所处区域或板块、所属商圈 3 个因子；生活便利性包括交通便利性、基础教育便利性、医疗与文体活动便利性 3 方面。其主要以区位论、地租理论、地价理论和地方性公共物品理论为直接理论基础，以特征价格理论、效用理论、供需理论、成本理论和博弈理论为间接理论解释基础（图 4-6）。

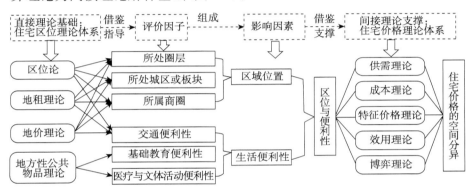

图 4-6 住宅外部作用因素的构建过程及其理论基础框架图

1. 区域位置是住宅重要的外部作用优势

其具体体现在住宅所处圈层、城区或板块、所属商圈 3 个方面。根据区位论、地租理论和地价理论，住宅的区位条件越优越，其地租越高，相应的地价也越高。根据供需理论、成本理论、特征价格理论、效用理论和博弈理论，其建设成本越高，住宅的外部效用越大，需求越大，享乐价格越高，其住宅价格越高。如果住宅属于城市核心商圈或重要商圈的辐射范围中，其公共物品的配置越优越，住宅的效用越高，需求越大，地价越高，使得住宅价格越高。

2. 生活便利性是外部作用优势的重要体现

第一，交通便利性体现了区位与便利性优势。根据区位论、地租理论和地价理论，区位优越与否不仅取决于其坐落的位置，更取决于住宅交通便利性的好坏，这种便利性包括轨道交通便利性和道路交通便利性。其中，轨道交通线（含地铁、城铁、轻轨）的开通，极大地提升了沿线住宅的交通通达性和生活便利性，改善了区位条件，从而提高了住宅的优势度。例如，北京市城铁 13 号线开通后，沿线住宅的价格快速上升（王霞等，2004）。而道路交通通达性也非常重要，这一点在城市外围地区的作用极为明显。城市快速路、城市主干路等重要交通干线对其住宅优势度的作用也是显而易见的。交通通达性的提升改善了住宅的便利性特征，提高了住宅的需求，增加了使用效用，进而提升了住宅价格。

第二，基础教育便利性和医疗与文体活动便利性，直接决定了住宅的外部服务效用，从而影响了住宅优势度。根据地方性公共物品理论、特征价格理论、效用理论和供需理论，住宅周边的学校、医院、体育场馆、博物馆、图书馆等公共服务设施越便利、越齐全，其"公共产品组合"越完善，相应的"享乐指数"越高，住宅效用越大，需求越大，使得其优势度越高。最典型的例子是学区房，位于重点小学或重点初中招生范围内的住宅（俗称学区房），其价格往往高于同档次、同质量的非学区房。而高水平的医疗机构、文化活动和体育活动场馆也在一定程度上影响着生活的便利性，进而影响住宅价格。

（二）周边景观与环境

其具体包括周边景观水平和周边环境质量两大方面。其中，周边景观水平包括周边绿化景观水平、滨水景观水平、地标景观作用 3 个因子；周边环境质量包括周边生产性用地的影响、周边市政设施的影响、周边城中村的影响 3 个因子。其主要以地方性公共物品理论、区位论、地租理论和地价理论为直接理论基础，以特征价格理论、效用理论、供需理论、博弈理论为间接理论基础（图 4-7）。

1. 周边景观水平对住宅外部作用优势有显著的影响

其具体体现在绿化景观水平、滨水景观水平和地标景观作用 3 个方

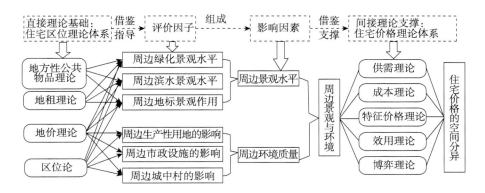

图 4-7　周边景观与环境因素的构建过程及其理论基础框架图

面。根据地方性公共物品理论、区位论、地租理论、地价理论，邻近公园、绿地、河流、湖泊等绿化景观和滨水景观较好的住宅，会具有更优的区位、更高的地价，间接地会有更好的享乐特征、更大的使用效用、更多的需求，博弈均衡价格将更高。而临近地标的住宅显示出了其优越的区域位置和较高的地价，也会产生更多的需求，进而提高其住宅价格。

2. 周边环境影响了住宅优势度

其具体体现在工业与仓储用地影响、周边市政设施影响和周边城中村影响 3 个方面。根据特征价格理论、地价理论、效用理论和供需理论，紧邻工业用地、仓储用地，具有负面影响的市政设施和城中村的住宅，必然导致享乐指数降低、使用效用下降、需求减小，并影响地价。这是由于与上述用地或设施相邻或交错的住宅，其外部大环境相对较差，进而影响了住宅整体的外部优势度。其中，对环境影响较大的市政设施包括火葬场、墓地、垃圾处理厂(含焚烧、填埋)、垃圾转运中心、发电厂、变电站、污水处理厂、燃气站、加油站等。

（三）预期因素对外部作用因素的修正与补充

外部作用变动的预期主要来自两方面：一是城市发展战略实施的预期；二是城市景观建设与城市改造的预期(图 4-8)。

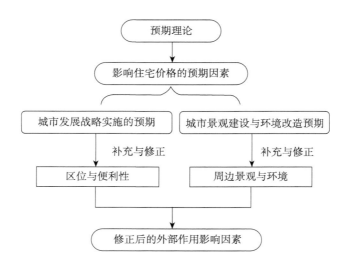

图 4-8 预期因素对外部作用因素的补充与修正路径

1. 城市发展战略实施的预期会改变现实的区位及生活便利性

城市发展战略实施的预期主要包括城市发展方向的确立与变动和城市快速交通通道的规划与建设两方面，进而对现实区位条件、交通通达性和公共服务便利性产生影响。

第一，区位条件改善的预期影响了未来住宅外部作用的优势度。如果住宅处于城市发展方向或重点发展地区，处于该方向或该地区的住宅区位条件在未来可能提升（例如，由边缘区变为核心区），其优势度将提高，进而使当前的住宅价格提升。

第二，交通便利性改善的预期也影响了未来住宅外部作用的优势度。一些最为显著的例子是，在中国的特大城市（如北京、上海等），地铁线路规划刚出台，沿线的住宅小区（尤其是郊区的住宅小区）价格就会快速上涨，尽管地铁在未来几年内才能建成，但其交通条件改善的预期对现实的住宅优势度已经产生了较大影响。

第三，公共服务便利性改善的预期也会影响住宅优势度。例如，在住宅周边将要建设新的商业性城市综合体，或建设博物馆、活动中心等大型文化设施，甚至将住宅小区新划定为重点中小学的学区房等，都会在未来改善公共服务的便利性，进而增加住宅的优势度，从而提升住宅价格。

2. 城市景观建设与环境改造的预期会影响当前对景观与环境的评价

城市景观建设与环境改造的预期主要包括河道综合整治与改造、城市综合环境改造、工厂外迁等"退二进三"行动计划、旧城改造、城中村改造等。这些行动计划的预期会在很大程度上改变现有的外部作用优势度，进而提升住宅价格。

第一，周边景观水平提升的预期影响了未来住宅外部作用的优势度。例如，公园的建设、滨水景观带的建设等城市综合环境改造措施，使得沿公园住宅或滨水住宅的价格大幅提升。其典型例子是，扬州市二道河的改造，使得邵庄新村小区的住宅价格由改造前的中等水平提升为较高的价格水平。

第二，周边环境改善的预期也会影响住宅优势度。例如，住宅周边工业或仓储用地"退二进三"，周边火葬场(或墓园、墓地)、垃圾处理厂(含焚烧、填埋)、垃圾转运中心、发电厂、变电站、高压线、污水处理厂、燃气站、加油站等对环境有较大影响的市政设施的搬迁，或周边城中村的改造等，都会提升住宅的优势度。相反，如果周边未来有工业项目或大型市政基础设施的进驻，将会降低相应住宅优势度的预期。

（四）外部作用因素构建过程及其理论基础总结

综上所述，外部作用因素包括区位与便利性和周边景观与环境两方面，其构建过程和理论借鉴如图 4-9 所示。

其中的区位与便利性主要以区域位置和生活便利性表示；周边景观与环境分别由周边景观水平和周边环境影响两方面代表。而预期因素分别为城市发展战略实施的预期和城市景观建设与环境改造预期，这些预期分别对区位、便利性、景观与环境进行了修正与补充。外部作用因素的构建以住宅区位理论体系为基础，间接地通过住宅价格理论体系来解释。

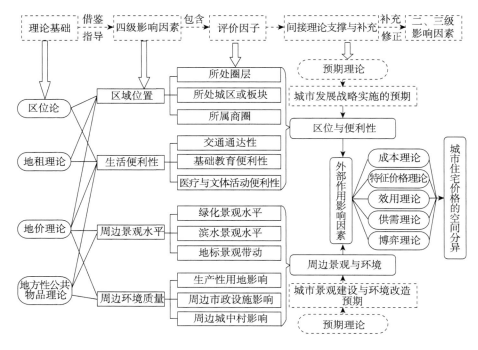

图 4-9　外部作用因素的构建过程及其理论基础框架图

三、城市住宅价格空间分异的影响因素体系及其综合评价建议

（一）城市住宅价格空间分异的影响因素体系

基于住宅优势度理论的城市住宅价格空间分异影响因素研究成果可知，城市住宅价格的影响因素体系分为 4 个层级。第一层级为目标层，即住宅价格空间分异影响因素；其首先分为住宅自身因素和外部作用因素两个二级影响因素，构成了体系的第二层级；这两个二级因素又分别由单户住宅档次与水平、小区建设档次与水平、区位与便利性、周边景观与环境 4 个三级因素构成，形成了第三层级；这些因素又分别由住宅性质与新旧、住宅建筑特征、小区综合环境、小区档次、区域位置、生活便利性、周边景观水平、周边环境质量 8 个四级影响因素构成（图 4-10）。其中，这些影响因素又受到预期因素的修正与完善，进而共同构

成住宅价格空间分异的影响因素体系。

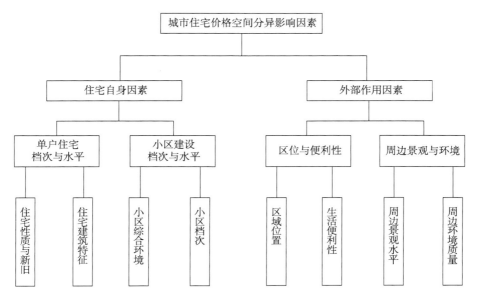

图 4-10　城市住宅价格空间分异的影响因素体系框架

在实际研究中，每个三级影响因素下的一对四级影响因素往往具有同向的内在联系与相互作用，例如，综合环境较好的小区，其档次一般也较高；区域位置优越的住宅，其生活便利性也更好；周边景观水平较高的住宅，其周边环境质量也不会太差。另外，4 项基本预期作用因素（住宅拆迁安置预期、小区综合环境改造预期、城市发展战略实施的预期、城市景观建设与环境改造预期）也会分别对三级影响因素进行补充与修正。因此，在较为繁杂的影响因素体系中，三级影响因素适合作为分析与研究的层级，该层级也是最适合相关作用机理的研究。因此，本书将三级影响因素作为计算分析时的基本因素层。

（二）城市住宅价格空间分异影响因素的综合评价建议

鉴于上述分析可知，三级影响因素作为住宅价格空间分异影响因素评价的基本因素层，并通过 4 个预期因素进行修正，每个三级影响因素又包含了两个四级影响因素，这些四级影响因素又由一系列评价因子评价。这些评价因子可根据研究需要通过一定的度量方法进行测度，最终形成住宅价格空间分异影响因素综合评价体系（表 4-1）。

表 4-1　住宅价格空间分异的现实影响因素体系

基本因素层	四级影响因素	评价因子	评价因子强度的度量视角建议 （由高到低，分值分别为 1～9 分）
F_1：单户住宅档次与水平；（E_1：住宅拆迁安置预期修正）	住宅性质与新旧	F_{1-1}：住宅性质	别墅（9 分）、普通商品房（7 分）、房改房（5 分）、保障性住房（3 分）、集体产权住房（1 分）
		F_{1-2}：产权年限	70 年（9 分）、40 年（5 分）、集体产权房（1 分）
		F_{1-3}：建筑年代	新房（9 分）、次新房（7 分）、老房（5 分）、旧房（3 分）、危房（1 分）
		F_{1-4}：内部设施与装修	豪华装修（9 分）、高档装修（7 分）、中档装修（5 分）、简单装修（3 分）、毛坯房（1 分）
	住宅建筑特征	F_{1-5}：住宅朝向	南北通透（9 分）、其他方向双向通透（7 分）、单向朝南（5 分）、单向朝东（3 分）、单向朝北或朝西（1 分）
		F_{1-6}：所处楼层	高层小高层住宅：高层（9 分）、中层（5 分）、低层（1 分）；多层住宅：三或四层（9 分）、二或五层（5 分）、一或六层（3 分）
		F_{1-7}：户型设计	户型设计好（9 分）、户型设计较好（7 分）、户型设计一般（5 分）、户型设计较差（3 分）、户型设计差（1 分）（指内部平面布局、采光、通风等方面）
F_2：小区建设档次与水平（E_2：小区综合环境改造预期修正）	小区综合环境	F_{2-1}：小区绿化环境	绿化环境好（9 分）、绿化环境较好（7 分）、绿化环境一般（5 分）、绿化环境较差（3 分）、绿化环境差（1 分）
		F_{2-2}：小区整洁与安静程度	整洁安静（9 分）、一般（5 分）、脏乱差吵（1 分）
		F_{2-3}：小区拥挤程度	低容积率（9 分）、中低容积率（7 分）、中容积率（5 分）、中高容积率（3 分）、高容积率（1 分）
	小区档次	F_{2-4}：小区配套设施水平	高等配套设施水平（9 分）、中高等配套设施水平（7 分）、中等配套设施水平（5 分）、中低等配套设施水平（3 分）、低等配套设施水平（1 分）
		F_{2-5}：居民总体收入阶层	高等收入阶层（9 分）、中高等收入阶层（7 分）、中等收入阶层（5 分）、中低等收入阶层（3 分）、低等收入阶层（1 分）

续表

基本因素层	四级影响因素	评价因子	评价因子强度的度量视角建议 （由高到低，分值分别为1～9分）
F_3：区位与生活便利性（E_3：城市发展战略实施的预期修正）	区域位置	F_{3-1}：所处圈层	核心圈层（9分）、中间圈层（7分）、外围圈层（5分）、近郊圈层（3分）、远郊圈层（1分）
		F_{3-2}：所处区域或板块	优越区域或板块（9分）、一般区域或板块（5分）、较差区域或板块（1分）
		F_{3-3}：所属商圈	处于商圈内（2km内）（9分）、一般商圈辐射（2～3km）（5分）、远离商圈（3km外）（1分）
	生活便利性	F_{3-4}：交通便利性	交通便利性好（9分）、交通便利性较好（7分）、交通便利性一般（5分）、交通便利性较差（3分）、交通便利性差（1分）
		F_{3-5}：基础教育便利性	重点学校学区房（9分）、非学区房但半径在1000m内（5分）、非学区房且半径在1000m外（1分）
		F_{3-6}：医疗与文体活动便利性	主要医疗文体活动设施便利性高（9分）、主要医疗文体活动设施便利性较好（6分）、主要医疗文体活动设施便利性一般（3分）、主要医疗文体活动设施便利性差（1分）
F_4：周边景观与环境（E_4：城市景观建设与环境改造预期修正）	周边景观水平	F_{4-1}：周边绿化景观水平	距离主要公园200m范围内（9分）、距离主要公园200～400m且距离一般绿地200m内（8分）、距离主要公园200～400m（5分）、距离一般绿地200m内（3分）、距离主要公园400m以外（1分）、距离一般绿地200m外（1分）
		F_{4-2}：周边滨水景观水平	距离主要河湖200m范围内（9分）、距离主要河湖200～400m且距离一般河流200m内（8分）、距离主要河湖200～400m（5分）、距离一般河流200m以内（3分）、距离主要河湖400m以外、距离一般河流200m以外（1分）
		F_{4-3}：周边地标景观带动	距离地标景观500m范围内（9分）、距离地标景观500～1000m（5分）、距离地标景观1000m以外（1分）
	周边环境质量	F_{4-4}：周边生产性用地影响	位于工业与仓储用地影响范围外（9分）、位于工业与仓储用地一般影响范围内（5分）、位于工业与仓储用地核心影响范围内（1分）
		F_{4-5}：周边市政设施影响	无市政设施影响（9分）、有部分市政设施影响（5分）、有较明显的市政设施影响（3分）、有严重的市政设施影响（1分）
		F_{4-6}：周边城中村影响	距主要城中村200m外（9分）、距主要城中村100～200m外（5分）、紧邻城中村（100m内）（1分）

第二节　基于住宅优势度的城市住宅价格空间分异作用机理

一、作用机理分析的总体视角与框架

城市住宅价格空间分异作用机理研究的核心，是住宅价格空间分异的驱动力。以驱动力为基点，向后研究驱动力对住宅价格优势度各要素（住宅价格影响因素）的作用，进而影响住宅价格；向前则研究驱动力产生的内在原动力，即社会结构与体制力量。整个体系即住宅价格空间分异作用机理的总体框架如图 4-11 所示。通过这个住宅价格空间分异作用机制框架图可知，城市住宅价格空间分异机理的源头是社会结构与个体选择。

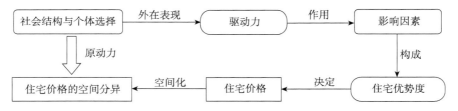

图 4-11　基于住宅优势度视角的城市住宅价格空间分异作用机理研究的总体框架

需要注意的问题是，住宅价格本身的作用机理非常复杂，涉及的方面颇多，但有些因素与驱动力只对城市总体住宅价格增减有影响，对城市内部住宅价格空间分异的影响有限。因此，在分析作用机理时，本书对难以决定城市内部住宅价格空间分异的部分作用机理进行了"过滤"。

根据本书前面对理论基础的论述，住宅价格空间分异的作用机理研究可从 3 个不同的基本视角出发，即供需视角、成本视角和效用视角。这是因为在住宅价格空间分异的多个理论基础中，住宅价格理论体系是基础，其中，供需理论、成本理论和效用理论又是住宅价格理论体系的基础。而住宅区位理论体系的相关解释视角都是以价格理论体系为归宿，进而解释住宅价格空间分异的。尽管 3 个研究视角不同，但其中存在着相互联系、相互交叉的关系，尤其是效用视角，是间接通过供需视角和成本视角对住宅价格进行作用的(图 4-12)。一般来说，效用大的住宅需求会增大，成本也较高，从而价格较高。因此，本书重点从供需视角和成本视角两个方面研究住宅价格的分异机制。

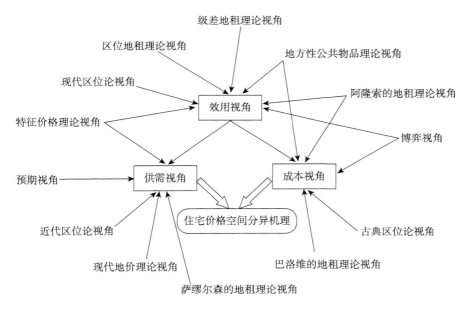

图 4-12　住宅价格空间分异机理研究的切入视角及其理论基础

其中，成本视角来源于生产价格理论。住宅成本是住宅价格的底线和硬约束，这是因为住宅建设是以保本盈利为基本原则的(葛红玲和杨乐渝，2010)。但只有在住宅需求小于供给的情况下，这种硬约束的效应才能显现，多数情况下，住宅的需求要大于供给。这种情况下会出现非均衡市场，供需视角将对住宅价格形成的解释发挥主要作用，并出现"短边法则"，实际住宅价格 P_2 要高于均衡价格 P_1，理论上由供给价格决定，即 $P_1 + P_0$(图 4-13)。其中，P_0 是由于需求过剩后产生剪刀差的价格。而供给价格高低的确定，又取决于需求曲线的大小。当住宅需求增大时，需求曲线由原来的 D_1 上升为 D_2，但供给曲线不变，使得住宅价格上升。当然，在理想情况下，住宅在供需均衡下形成均衡价格，住宅价格同时受到供给和需求的影响。

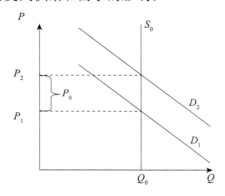

图 4-13   城市住宅用地供给固定情形下的供需曲线

总体上，住宅价格存在着一个区间，在房地产市场环境兴旺时，住宅供给相对不足，住宅价格处于上限，此时需要从供需视角进行作用机理研究。由于供给不足，需求成为住宅价格的决定因素；而在房地产市场低迷时处于下限，住宅供给相对过剩，住宅价格处于底限，此时需要从成本视角进行作用机理研究；而当房地产市场环境一般时，住宅价格为中等，此时仍需要从供需视角进行研究，供给和需求两方面对住宅价格均有决定性的影响(图 4-14)。因此，在不同的房地产市场环境下，会产生不同的供需关系，从而产生不同的住宅价格空间分异作用机理。

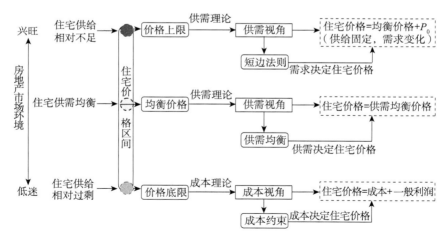

图 4-14   城市住宅价格空间分异作用机理的基本分析框架

尽管在房地产兴旺时期，需求决定住宅价格，但一旦供给大量增加，其市场又会调整为新的供需均衡状态，住宅价格重新由供给和需求共同决定。因此，在房地产市场较热、住宅价格较高时，增加住宅的有效供给是调控住宅价格的有效方法。

另外，预期因素也会对上述作用机理产生影响和修正。预期因素均可以在供需视角和成本视角上对住宅价格空间分异的作用机理给予解释。通过住宅子市场的划分，不同子市场内部的住宅价格空间分异作用机理也有所不同。

二、不同理论视角下城市住宅价格空间分异的作用机理

（一）供需视角下城市住宅价格空间分异的作用机理

住宅市场无论是供需均衡还是供给相对不足，都可从供需视角对住宅价格空间分异的作用机理进行分析。在这种情形下，成本视角已很难解释住宅价格的形成机理。因此，供需视角是分析住宅价格分异最常用的切入点，其必然涉及供给和需求两大方面。

政策因素（土地制度与政策、税收制度与政策、信贷政策等）、社会经济因素（经济增长、居民收入、物价水平等）、金融因素（货币供应量、利率变动、汇率变动）和人口因素（人口年龄结构、人口数量）等，都可以影响城市住宅的总体供需状况，是决定住宅价格在时间维度上变动的决定因素。但在城市内部的空间维度上，能够影响住宅供给空间差异的因素，主要是土地供应和容积率限制；影响住宅需求空间差异的因素，是基于个人居住选择的购买意愿和购买能力（图 4-15）。

在图 4-15 中，土地制度与政策决定着土地供应数量，进而影响住宅供给数量。尤其是 2003 年以来国家对城市建设用地使用的严格控制，使得住宅用地供给越来越有限。

税收制度与政策则决定了住宅开发的成本与难度。当住宅开发税收较高时，开发商进行住宅开发的积极性减弱，进而减少了住宅供给，从

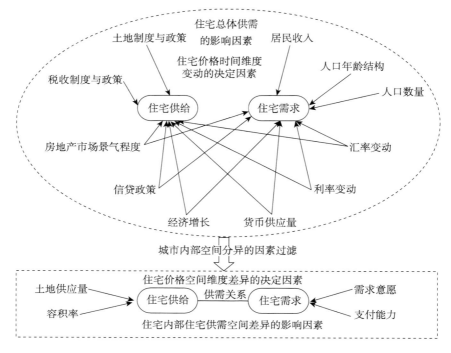

图 4-15　住宅供需影响因素的城市内部空间差异过滤过程示意图

而使得住宅价格上升。

居民收入水平与住宅的需求量呈正相关。当收入水平逐渐上升时，其购买力也逐步提升，进而增加了住宅需求，导致住宅价格上升。

人口数量和人口年龄结构决定着住宅的需求。人口数量增多必然使得住宅的需求增大，人口年龄结构对城市住宅价格的上升也有显著影响。目前，城市新增人口中大多数为中青年人，其对住宅的需求更加强烈。

货币供应量与通货膨胀存在正相关关系，进而与住宅价格呈现出明显的正相关关系。其原因在于，住宅价格作为物价的重要组成部分，通货膨胀使得物价上涨，必然引起住宅价格上涨。另外，当通货膨胀时，人们由于担心货币价值受损，急需寻求财富的保值增值途径。住宅作为其保值增值的重要途径，必然引起住宅需求上升，进而使得住宅价格上涨。货币供应量的增加，也会增强个人的购房积极性，吸引更多的消费者进行购房消费开支，从而增大住宅需求。在供给方面，货币供应量影响了住宅的投资信贷规模，进而影响了住宅供给数量。

房地产市场的景气程度决定了住宅的供需关系。即房地产市场景气时，住宅需求旺盛，而供给相对不足，导致住宅价格上涨；反之，房地产市场萧条时，住宅需求相对不足，而供给相对过剩（由于前期房地产市场景气时新建存量住宅数量过大），导致住宅价格下降。

经济增长与住宅价格存在正相关关系。一般来说，当经济处于上升阶段或繁荣阶段时，住宅价格上涨；反之，经济处于下降或萧条阶段时，住宅价格下降（葛红玲和杨乐渝，2010）。这是因为经济增长时，就业机会增加，人口城市化进程更快，人们的收入增加，使得住宅需求增加。

信贷政策对供求的影响表现在：当房地产信贷政策宽松时，吸引了大量的开发商进行房地产投资，住宅建设量大增，供给增大；相反，当房地产信贷政策紧缩时，住宅的供给减少。从需求角度上看，当房地产信贷政策宽松时，住宅需求也被放大。因此，该政策同时影响了住宅的供给与需求。

利率对供求的影响表现在：利率上升增加了购房贷款难度，且由于替代效应，储蓄的收益会增大，进而减少了对住宅的需求；在供给方面，利率的上升增大了开发商的住宅建设融资成本和难度，进而影响了住宅供给，这种影响作用在未来两年内会显现。

汇率对住宅价格的影响途径为：如果人民币汇率较低（即人民币价格低估），会使得中国出口动力较强，而中国出口的产品主要以劳动密集型产品为主，会吸纳大量的劳动力，进而加速城市化进程，使得城市住宅的需求增大。另外，当人民币汇率较低时，国际资金更容易大举进入中国资本市场，同时进入房地产市场，从而提高住宅价格。

以上因素都是决定住宅价格整体变动的因素，更多的是从时间变化的视角对住宅价格进行的分析。而本书则着力从空间分异的角度进行作用机理剖析。

从供给的角度看，住宅供给主要受土地供应的硬约束，也受到地块容积率的限制，而容积率和土地供应与住宅优势度中的住宅性质有密切关系。同时，其还受到住宅市场大环境的影响。从需求角度看，住宅的需求一方面取决于住宅的效用，即需求意愿；另一方面取决于支付能力。因此，真正影响需求的因素依然是住宅优势度大小和居民的财富水平，优势度大的住宅往往需求也越大，居民财富水平高的，其住宅需求能力也越大。

土地供给对城市住宅空间分异具有影响和约束作用，但在短期内，土地供给不会有太大的改变，并且在一个城市内部，某一个区域的土地供给变化并不能完全影响住宅价格空间分异，因为其他区域的土地供给会对该区域的土地供给情况进行弥补。因此，供给一般多影响城市的整体住宅价格水平，而需求则体现出明显的空间分异现象。由此可见，需求是住宅价格空间分异最重要也是最核心的分析视角。

因此，在住宅优势度视角下，以供需为切入点的住宅价格空间分异作用机理解释框架为：住宅优势度决定了住宅需求和住宅供给，在供给相对不足的条件下，住宅需求决定住宅价格；在供需平衡的条件下，住宅供给与需求共同决定住宅价格。住宅位置差异的空间作用，决定了住宅价格的空间分异(图 4-16)。决定住宅供给和需求的内在机制解释路径，可基于城市居住空间结构理论体系，即社会结构体系决定住宅供给，个体区位选择决定住宅需求。

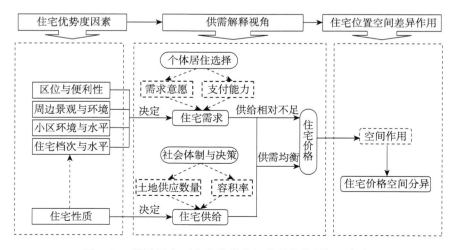

图 4-16　供需视角下住宅价格空间分异的作用机理框架

1. 城市住宅价格空间分异作用机理的供给视角分析

供给对住宅价格形成的机理体现在土地供应上，而土地供应体现在土地供应价格和土地供应量上。当土地供应价格过高（或溢价过高）时，会增加土地使用权购买难度，尽管一个城市的土地供应量能够保证，也会影响开发商拿地的数量，进而减少供给，提升住宅价格，其供给曲线如图 4-17 中的 S_1 所示。土地供应量则是住宅供给数量的硬约束和供给上限，当住宅市场兴旺时，土地价格对开发商土地使用权购买的边际约束减弱，但依然受到该城市年度土地供应量的控制，数量不会再增加（图 4-17 中的供给曲线 S_2）。

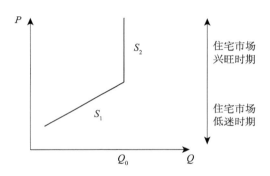

图 4-17　城市住宅用地供给数量曲线

住宅的供应量与土地供应量和所在地块容积率的规划规定密切相关。而从土地使用权购买到住宅建成出售，一般要经历 2 年的滞后期，因此这种供给对住宅价格的影响作用会在 2 年后显现，而目前住宅的供给影响实际上是由 2 年前的土地供应情况决定的。当然，当前的土地出让价格也会通过预期作用影响到当前的住宅销售价格。在上述因素中，土地供应数量由城市年度土地供应计划及其空间安排决定，地块容积率由城市规划（控制性详细规划）所决定。而土地出让价格同时受到土地供应数量、出让地块的容积率和房地产市场形势的综合影响，并且也受到住宅优势度的影响，即区位与交通便利性越好、周边景观与环境越好、自身优势度（主要是可建设的住宅性质和产权年限）越高的地块，价格越高（图 4-18）。

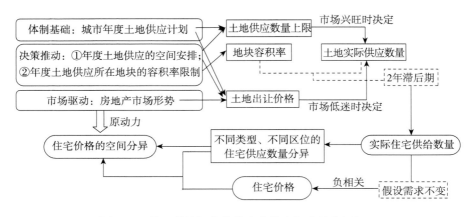

图 4-18 基于供给视角的住宅价格空间分异作用机理

2. 城市住宅价格空间分异作用机理的需求视角分析

需求主要分自住需求和投资需求。无论是自住需求还是投资需求都受到两大要素的影响：需求意向和支付能力。人人都向往住在档次高、区位优、环境好的住宅中，因此需求意向完全由住宅优势度决定。可以说，住宅优势度越高的住宅，理论上需求应越大。但同时，个人的支付能力有限，需求又受到个人财富水平的影响。个人的财富水平映射出社会阶层和收入水平，二者相互影响，最终决定住宅价格的需求曲线。事实上，需求意向和支付能力是城市居住空间结构理论体系中，基于个体区位选择视角下，用于解释居住空间分异的重要分析因素，而这种视角在城市居住空间结构理论体系中占有主导地位。

目前，中国大中城市住宅的需求量不断增大，其内在原因有：一是经济社会持续发展，使得人们的收入水平提高，对住宅改善性的需求越来越大；二是城市化的快速推进，使得农村人口大量涌入城市，带来需求增大；三是城市内部拆迁改造产生了住宅的被动需求；四是在房地产保值增值观念的驱动下，催生了大量投资需求。但这些驱动力都是整体作用于一个城市的住宅市场，左右着城市住宅价格的总体变动趋势。但在空间维度上，能够影响城市内部住宅需求分异的动力主要有两点：一是不同档次、不同区位住宅的差异，其核心决定因素就是住宅优势度，该因素影响了住宅需求意愿；二是居民对这些住宅的支付能力差异。这两点共同构成了住宅的个体区位选择。

需要指出的是，住宅作为一种"必需品"，即使住宅价格高到远超出了购房者的支付能力，也不能阻止其对住宅的强烈需求。因此，尽管多数购房者的支付能力有限，但刚需依然强烈。从另一个角度讲，支付能力较差的购房者往往也左右不了住宅市场的价格。这样支付能力和需求意向相比，显然需求意向的作用更加强烈。而需求意向由住宅优势度决定，因此总体上说住宅优势度决定了住宅需求。

影响住宅需求的驱动力包括住宅拆迁与城市改造、住宅建设档次与水平的空间分异、城市居住空间扩展、城市景观与综合环境建设、城市居民收入分配差异等。前4项动力共同决定了住宅优势度，进而决定着住宅的需求意愿。而城市居民收入分配差异导致居民收入阶层分化，形成了个人支付能力的差异。两者共同影响着住宅需求，进而影响住宅价格。而这些驱动力又有着各自的社会结构与制度根源：前4项驱动力主要是城市发展战略与城市规划的政策推动的。城市居民收入分配差异的根源是社会分配体制这一社会结构基础和产业结构转型与重构这一经济发展基础。

其中，产业结构转型与重构对社会收入阶层分化的影响如下：一方面，产业结构转型使传统性工业与服务业的就业绝对人数和比重不断下降，而生产性服务业、非营利性服务业和公共管理部门服务业的就业人数和比重上升，这样导致劳动者阶层在不断分化；另一方面，产业结构重构使得国内多种所有制经济孕育出私营企业家和个体工商者阶层，在外国资本输入的同时形成了外资大中型企业高级管理人员和白领员工阶层，另外，大量的农村富余劳力涌入城市，构成了一个由政府高级官员、大中型企业家到农民工的社会阶层分化（吴启焰，2001）。

综上所述，需求对住宅价格空间分异的作用机理如图4-19所示。

（二）成本视角下城市住宅价格空间分异的作用机理

在房地产市场低迷期，适宜采用成本视角解释住宅价格空间分异的

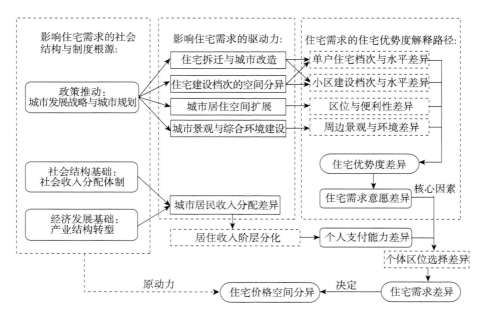

图 4-19　基于需求视角的住宅价格空间分异作用机理

机理。住宅成本包括的要素很多，主要归结为土地成本、建设成本（土木建设成本、设计与管理费用、园林绿化、水电等基础设施建设费用、人工工资、各种税费等）和行业利润三大部分。假设行业利润在城市内基本一致的情况下，土地成本和建设成本决定了住宅价格的底线。土地成本由外部作用优势度决定（区位与生活便利性、周边景观与环境），而建设成本则由自身优势度决定（单户住宅档次与水平、小区建设档次与水平）。因此，从成本视角上看，住宅优势度决定了住宅价格的底线，对住宅价格有着重要的影响。这样土地价格、建材成本、物价指数、建筑工人的工资水平、房地产的相关税率、贷款利率等因素的变化，都导致了住宅开发建设成本的变化，从而决定住宅价格。但在特定时期的特定城市内部，物价指数、建筑工人的工资水平和贷款利率基本一致。这样造成城市内部住宅价格空间分异的原动力只有土地价格、建材成本和房地产的相关税率 3 个，最终形成成本视角下的住宅价格空间分异作用机理框架（图 4-20）。

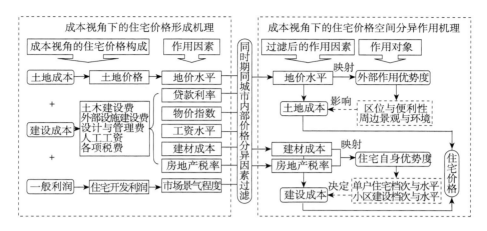

图 4-20　成本视角下的住宅价格空间分异作用机理框架

1. 土地成本对城市住宅价格空间分异的作用机理分析

目前，土地价格形成的渠道有 3 种，即招、拍、挂（招标、拍卖、挂牌出让），而目前最常见的出让方式即拍卖。在同一时期、同一性质的地块，土地出让价格基本与外部作用优势度成正比，即区位与生活便利性、周边景观与环境因素可决定地价的高低，而地价是房价形成的基础和重要组成部分。因此，从土地成本的视角看，外部作用优势度影响了住宅价格。而外部作用优势度分异的动力是城市扩展、新区建设与旧城改造。这些行动计划是由城市发展战略决策推动的。地价分异根本的体制基础是土地招、拍、挂制度（图 4-21）。

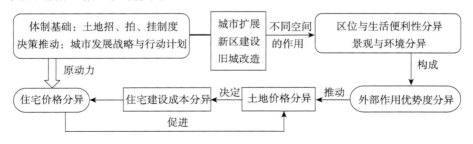

图 4-21　基于成本视角下的土地成本对住宅价格空间分异作用机理

2. 住宅建造成本对城市住宅价格空间分异的作用机理分析

在住宅建造成本的多个构成要素中，建材成本和房地产税费是决定同一时期同一城市内部建造成本的两大因素。建材成本决定了土木建设成本，在同一时期，不同档次和类型住宅的建材成本不同。建材成本往往与住宅自身的优势度成正比，尤其是与住宅及其所在小区的建设档次与水平呈正相关。房地产相关税费与住宅开发的类型密切相关。一般来说，保障性住房的相关税率较低，别墅的税率较高，普通商品房的税率居中。因此，住宅性质及其产权年限等住宅自身的档次和水平与房地产相关税费呈正相关。这些住宅性质、住宅产权年限、住宅特征、小区综合环境（容积率等）、小区档次等因素，基本上是由城市规划方案（控制性详细规划）中对用地性质和容积率的上限规定所决定的，而其体制基础是国有土地使用制度和城乡规划法（图 4-22）。

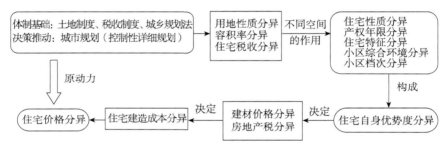

图 4-22　基于成本视角下的住宅建造成本对住宅价格空间分异作用机理

（三）预期作用对城市住宅价格空间分异机理的补充与修正

预期作用都会在一定程度上影响当前住宅的供给或需求，或影响当前住宅成本的基本判断，进而影响住宅价格。

1. 预期对住宅供需影响的作用机理分析

在时间维度上，预期作用会影响城市住宅价格的整体变动，主要体现在：由于各种经济、金融、政策等因素判断住宅价格预期上涨时，住宅的现实需求会被放大，进而使现实住宅价格上涨；相反，当未来住宅价格预期下降时，现实的住宅需求也会减少，进而导致现实的住宅价格下降。

预期作用不仅在时间维度上影响城市的整体住宅价格走势，也会在空间维度上影响城市内部住宅价格的空间分异。具体体现在：如果买卖双方认为城市内某区域未来的住宅供给较少，则需求者认为未来对住宅的选择空间将更少，而卖房者会认为未来住宅将更加容易卖出，进而出现购房者抢购，卖房者惜售的现象。尤其是在市中心的"稀缺地段"，例如，学区房、滨河景观房、优越区位房等优势度较高的住宅，这种现象会更加明显。此时，外部作用对住宅供需的预期会产生较大影响。而另一种预期发生在城市发展主方向的"新区"，尽管目前位于新区内住宅的外部作用优势度普遍较差，但如果买卖双方认为未来该地区将成为新的城市中心，则提高了对现实住宅外部作用优势度的判断，认为未来该地区住宅的需求会增大，进而影响到当前的供需平衡，从而影响住宅价格。第三种预期是对住宅类型建设供需情况的判断，例如，别墅，随着国家对别墅用地的严格控制，未来别墅供给数量的预期在降低，从而使得别墅会更加稀缺，进而产生巨大的预期，造成价格上涨。

2. 预期对住宅成本影响的作用机理分析

在时间维度上，成本视角下决定住宅价格的各个因素，都会受到预期作用的影响与修正。地价水平、贷款利率、物价指数、工作水平、建成成本、房地产税率、市场景气程度等涉及土地成本、建设成本和利润的各个要素，都会受到预期的影响，进而影响当前的住宅价格。

但在城市内部的空间维度上，地价水平、建材成本和房地产税率3项因素的预期变动会影响当前住宅价格空间分异的格局。尤其是土地成本预期对住宅价格的作用最为显著。如果当前某区域土地供应较为紧张，或土地出让成交价过高（例如，"地王"的出现），都会增加该区域住宅预期的建设成本，进而反馈到当前的住宅中，从而影响该区域的住宅价格。建材成本和房地产税费等也会受到预期作用的影响，分别作用于不同类型与档次的住宅预期建设成本中，从而影响当前的住宅价格。

三、城市住宅价格空间分异的驱动力及其内在根源

无论是基于何种视角下的住宅价格空间分异作用机理解释，都源于

驱动力的作用。而驱动力的产生在本质上来源于更深层的内容，即社会制度与政策和个体居住选择。

(一) 城市住宅价格空间分异的驱动力分析

住宅价格变动本身的驱动力非常多，诸如城市化、经济增长、房地产市场情况、金融与货币政策等，本书只研究影响城市内部住宅价格空间分异的驱动力。这些驱动力分别作用于住宅优势度的各个要素上，进而对住宅价格的空间分异产生影响。

1. 城市住宅价格空间分异的外在驱动力

对城市内部住宅价格空间分异的驱动力可总结为以下几点：一是特定住宅类型与档次建设的区位指向；二是特定收入阶层的特定空间集聚；三是公共物品投资的空间差异；四是城市居住用地扩展与城市更新的区位指向。这四点驱动力恰恰分别对应于住宅优势度的构成要素（即住宅价格空间分异的四大影响因素）（图 4-23）。

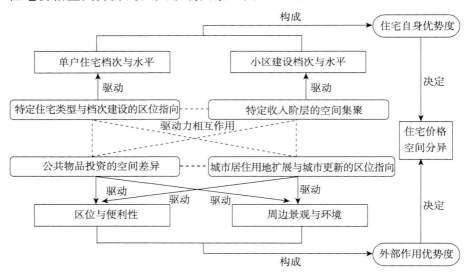

图 4-23　外在驱动力对住宅价格影响因素的作用及其相互影响

特定住宅类型与档次建设的区位指向，是指某种性质的住宅常常集中建设于某个区域，或者某种档次的住宅常常集中建设在城市的某个板块中。例如，保障性住房一般建设在城市边缘区，别墅建设在城市近郊，房改房一般建设在城市中心区，高档商住楼建设在主要商圈内，一些高档住宅往往集中建设，形成高档住宅区等。这种动力直接导致了单户住宅档次与水平的空间分异，进而使得住宅价格呈现出空间分异。

特定收入阶层的空间集聚是城市社会区分异的重要体现，也是小区建设档次与水平分异的重要动力。由于不同收入阶层往往居住在相应档次与水平的小区中，同种收入阶层人群的集聚，使得小区建设档次与水平在城市内部出现了空间分异，这种分异又会导致住宅价格的空间分异，住宅价格的空间分异又进一步推动城市社会区的空间分异，二者相互影响，相互作用。

公共物品投资的空间差异，直接导致了城市内区位与便利性的空间差异，包括教育、医疗、文化、卫生、体育、商业、公共服务、公园、广场等公共物品在内的空间分布差异，使得城市内部产生各个区域的区位与生活便利性显著不同，进而导致住宅价格的空间分异。

城市居住用地扩展与城市更新的区位指向，是指城市在某个时期具有主要的发展方向和用地扩展方向。这样位于主要扩展方向的区域，其区位与便利性、周边景观与环境都会大大提升，使其住宅价格提升；特定地区的城市更新会直接提升该地区的景观与综合环境水平，使其住宅升值。

2. 城市住宅价格空间分异驱动力的相互影响与作用

上述 4 项驱动力又是相互影响和相互作用的：优越的住宅类型、高档次住宅往往与高收入阶层相匹配，反过来，高收入阶层集聚区，其住宅档次往往也较高，住宅类型也以别墅和普通商品房为主。中低收入阶层集聚区往往对应着保障性住房、中低档次住宅。这两大驱动力相互作用与影响，决定着住宅自身优势度的得分高低。

公共物品投资强度大的区域，往往也是城市居住用地扩展的主方向和城市更新的重点地区。相反，公共物品投资较弱的地区，一般也不是城市重点发展和建设的地区。二者也是相互影响、相互作用的，共同决定着外部作用优势度的得分。

高收入阶层集聚区,其周边景观与环境往往也较好。优越类型的住宅与高档次的住宅,其区位与便利性一般也较好。而保障性住房的区位与便利性往往较差,二者也是相互交叉,相互影响。

(二)城市住宅价格空间分异的内在根源

尽管上述驱动力决定了住宅价格空间分异,但其内在基础仍是社会体制与决策和个体居住选择两大根源。其中,社会体制与决策是根源中的根源,在某种程度上决定了个体的居住选择(图 4-24)。

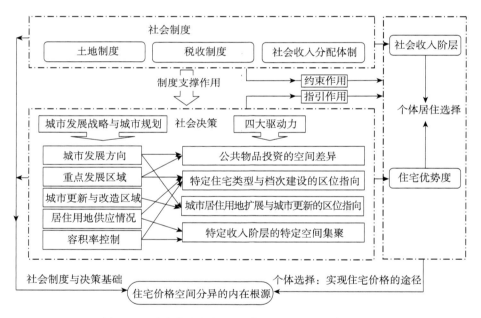

图 4-24　城市住宅价格空间分异的内在根源作用机理

无论是在供需机理上还是在成本机理上,土地制度、税收制度和社会收入分配体制等社会体制对上述作用机理的发挥都提供了制度支撑作用,这些制度构成了住宅价格空间分异的内在社会制度根源。

社会决策决定了城市发展方向、重点发展区域、城市更新与改造区域、居住用地供应情况、容积率控制等,这些决策从各个方面决定了特定住宅类型与档次建设的区位指向、公共物品投资的空间差异、城市居住用地扩展与城市更新的区位指向，也引导了特定收入阶层的特定空间集聚，从而产生住宅优势度的空间差异，导致城市内部住宅价格的空间分异。这些决策来源于城市发展战略和城市规划，决定着"四大驱动力"的大小和作用方向，是城市住宅价格空间分异机理解释的"原动力"。

个人居住选择映射了社会收入阶层和住宅优势度，是住宅体现其价格的必然途径，但在很大程度上会受到社会体制与决策的约束和指引。

四、城市住宅价格空间分异的综合作用机理

整合上述各视角下的城市住宅价格空间分异作用机理成果，构成了"内在原动力→外在驱动力→住宅优势度→影响因素→住宅价格空间分异"的综合作用机理。

（一）城市住宅价格空间分异的总体作用机理框架

如果说住宅优势度的四大构成要素是决定住宅价格空间分异的表象因素，那么四大驱动力就是驱动因素，社会体制与决策和个人居住选择则是内在的源头因素（图 4-25）。

因此，城市住宅价格空间分异的综合作用机理可表述为：社会体制与决策和个人居住选择是两大内在原动力；特定住宅类型与档次建设的区位指向、特定收入阶层的空间集聚、公共物品投资的空间差异、城市居住用地扩展与城市更新的区位指向是四大外在驱动力；单户住宅档次与水平、小区建设档次与水平、区位与便利性、周边景观与环境是四大影响因素，并构成了住宅优势度；通过供需机制和成本机制作用与住宅价格，加上预期的修正，各个层次由内到外，共同构成了城市住宅价格空间分异的作用机理。

（二）城市住宅价格空间分异的详细综合作用机理

基于上述城市住宅价格空间分异综合作用机理的基本框架，其详细的综合作用机理为：包含土地制度、税收制度、社会收入分配在内的社

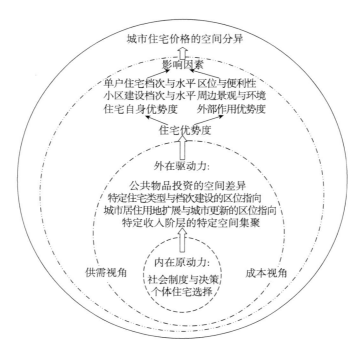

图 4-25　城市住宅价格空间分异的综合作用机理框架示意图

会制度和以城市发展战略与城市规划为代表的社会决策，约束和指引着个人的居住选择，同时也是住宅价格外在驱动力的原动力。外在驱动力包括特定住宅类型与档次建设的区位指向、特定收入阶层的特定空间集聚、公共物品投资的空间差异、城市居住用地扩展与城市更新的区位指向4个方面。其分别决定了住宅优势度中的4个基本内涵，即单户住宅档次与水平、小区建设档次与水平、区位与便利性、周边景观与环境。住宅优势度又影响着个体的居住选择，并与个体的居住选择共同通过供需机制决定着住宅需求。社会制度与决策通过供需机制决定住宅供给，通过成本机制影响住宅的成本。最终，3种不同的住宅市场情景分别通过3个不同路径决定住宅价格：当住宅市场处于繁荣期时，住宅需求决定其住宅价格上限；当住宅市场处于稳定期时，住宅的供给与需求共同决定住宅的均衡价格；当住宅市场处于低迷期时，成本机制发挥作用，住宅成本加上一般利润构成了住宅价格底限。因此，住宅优势度决定了住宅价格，住宅价格是住宅优势度的货币体现，这就构成了住宅优势度

理论的核心观点。最终通过外在驱动力对住宅价格的空间作用，形成了
城市住宅价格的空间分异（图 4-26）。

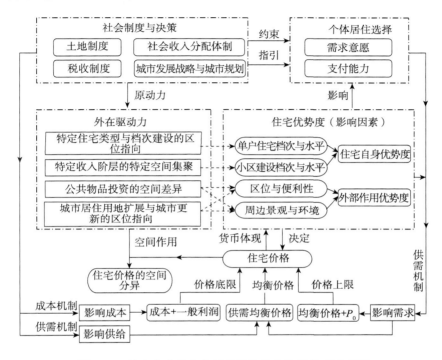

图 4-26　城市住宅价格空间分异的综合作用机理示意图

第 五 章

基于住宅优势度的城市住宅
价格空间分异规律与模式

　　基于住宅优势度理论，以前述作用机理为指导，分别总结出了城市住宅价格变化、空间分异程度和空间分异格局的规律性。其中，空间分异程度着力于从时间维度的视角研究其分异演变规律，而空间分异格局重点研究空间维度上的差异格局，为合理调控住宅价格及其空间分异程度提供理论参考。

　　城市住宅价格空间分异的基本模式，是对各种城市发展情景在不同因素作用下住宅价格一般空间规律的抽象，对城市住宅价格空间格局的判断与总结具有重要意义，并具有一定的普适性。本书通过设定城市外延扩张和内部建设与改造两种不同情景，以具有 3 种不同的居住空间结构（同心圆、扇形、多核心）城市的市场常见交易类型住宅（普通商品房、保障性住房、房改房）为研究对象，采用 3 种不同影响因素主导的假设，综合分析与提取出城市住宅价格空间分异的 6 种基本模式。根据 6 种基本模式又总结出三大复合空间分异模式。其中，六大基本空间分异模式是在理论上的极端假设下得出的；三大复合空间模式则考虑了多情景、多因素，比较符合中国城市的实际情况。

第一节　城市住宅价格空间分异的规律性分析

一、城市住宅价格变化的规律性分析

城市发展阶段与该城市平均住宅价格变化具有一定的对应关系。城市的发展阶段反映了城市化进程，也与城市规模相对应。城市住宅价格变化的一般规律为图5-1所示的"S"形曲线。

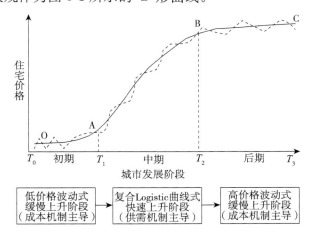

图 5-1　城市住宅价格变化的规律性

1. 城市发展初期阶段

在城市发展的初期阶段（$T_0 \sim T_1$ 阶段），城市规模较小，城市化水平较低，城市住宅的需求相对稳定，供需相对均衡，因此供需机制对住宅价格的影响作用有限。这一阶段的城市住宅价格主要受到成本机制的影响，城市的住宅价格随着住宅成本的提升而缓慢上升（OA 曲线）。此时尽管由于供需变化的影响，其价格存在周期性波动，但其走势不会脱离 OA 曲线。因此，此时住宅价格处于低水平波动式缓慢上升阶段。

2. 城市发展中期阶段

随着城市的不断发展，城市进入中期发展阶段（$T_1 \sim T_2$ 阶段）。在这一阶段，城市化加速推进，城市规模迅速增大。这直接导致了住宅的需求量激增，而住宅的供给在短期内缺乏弹性，使得供需矛盾突出，供需机制对住宅价格的影响占据了主导地位，住宅价格快速上涨（AB 曲线）。尽管这期间会出现住宅调控等一些因素，住宅价格在一定时期内会出现稳定甚至下降，但总体上住宅价格快速上涨的大趋势不会改变，一旦调控放松，住宅价格就会出现报复性上涨，其价格会高于调控之前的价格，住宅价格快速上涨的 AB 曲线的基本趋势不会改变。此时，住宅价格处于复合 Logistic 曲线式快速上升阶段。

3. 城市发展后期阶段

当城市发展进入后期阶段（$T_2 \sim T_3$ 阶段）时，城市化进程基本完成，城市规模进入稳定阶段，此时住宅需求下降，住宅供需重新出现相对均衡的局面，此时，成本机制对住宅价格的影响重新占据了主导地位。住宅价格随着成本的缓慢提升而缓慢上升（BC 曲线）。由于供需机制的作用，也会出现围绕着 BC 曲线出现小幅波动。此时，住宅价格处于高水平波动式的缓慢上升阶段。

以上城市住宅价格变化研究的前提，是已经剔除了货币因素和居民收入因素对住宅价格的影响。如果考虑到货币（通货膨胀）和居住收入（居住收入增长）因素后，住宅价格曲线的斜率将更大，在各阶段上涨的幅度也将更大。

二、城市住宅价格空间分异程度演变的规律性分析

本部分主要在时间维度上探讨不同城市发展阶段的城市住宅价格空间分异程度的演变。通过前述住宅优势度理论可知，城市内部住宅优势度分异程度决定了住宅价格的空间分异程度。因此，住宅自身优势度和外部作用优势度两个要素都会决定住宅价格的空间分异，由此形成了住

宅价格空间分异程度演变的一般规律(图 5-2)。

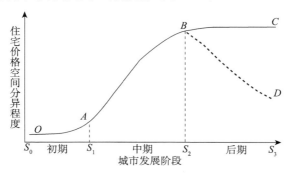

图 5-2　城市住宅价格空间分异程度演变的规律性

1. 城市发展初期阶段

在城市发展的初期阶段($S_0 \sim S_1$ 阶段),城市规模较小,城市的住宅建设较为集中,各个住宅的区位与生活便利性和周边景观与环境要素基本相同,因此住宅的外部作用优势度差距不大。另外,住宅建设类型也较为单一,住宅自身优势度的差距也较小。这使得各个住宅的优势度差距较小,从而决定了住宅价格分异程度仅随着住宅价格的上涨而缓慢上升,但总体依然维持在较低的水平(OA 曲线)。

2. 城市发展中期阶段

随着城市化的推进,城市空间迅速扩展,城市进入中期发展阶段($S_1 \sim S_2$ 阶段)。此时,由于城市规模的迅速增大,城市内部的区位差异开始显现,并随着城市的进一步扩展而变得更加显著,外部作用优势度分异明显。同时,别墅、高档住宅、保障性住房等逐渐进入市场,住宅类型迅速增多,建设档次逐步分化,住宅自身优势度的差异显著。这直接导致了住宅价格分异程度的迅速增大(AB 曲线)。

3. 城市发展后期阶段

当城市发展进入后期阶段($S_2 \sim S_3$ 阶段)时,城市化进程基本完成,城市规模进入稳定阶段,此时城市内部住宅价格的空间分异程度会出现两种情况:一是继续维持高分异程度(BC 曲线),出现这种情况的前提是城市建设处于稳定阶段，住宅自身优势度和外部作用优势度基本保持不变，使得住宅价格的分异程度也保持着高度的稳定。二是出现分异程度下降（*BD* 曲线）。出现这种状况的前提是各类公共资源配置逐步达到"空间均等化"，或由于生活与工作方式的改变，区位因素对居住舒适度的影响逐渐降低，使得住宅外部作用优势度的差距缩小，或者出现大规模的城市更新运动，使得住宅自身优势度的差异减小。

三、城市住宅价格空间分异格局的规律性分析

1. 一般性规律

本部分主要在空间维度上探讨城市内部某一时间点的住宅价格空间分异格局。通过前述的住宅优势度理论可知，城市住宅价格的空间分异格局取决于其住宅优势度的空间格局。假设城市中各住宅自身的优势度相同，则城市住宅价格呈现出由中心向外围非均衡递减的倒"S"形曲线（图 5-3），这构成了城市住宅价格空间分异的规律性。

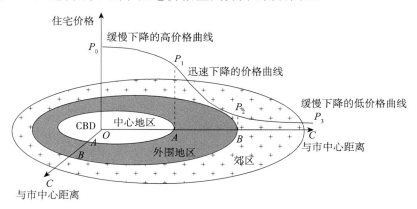

图 5-3　城市住宅价格空间分异格局的一般规律

由于存在城市住宅自身优势度一致的假设前提，以区位条件为代表的住宅外部作用优势度则成为决定住宅价格的唯一要素。从成本机制的视角来看，中心地区的区位条件最优越，土地价格最高，其次为外围地区，郊区的地价最低。在成本机制中，地价是决定房价的核心因素，因

此住宅价格由内向外逐步降低，但不同地区的递减程度不同。在中心地区内部，区位条件差异较小，由内向外的递减幅度较小（$P_0 \sim P_1$ 曲线）。在外围地区，区位条件由内向外迅速降低，因此，区位条件对土地价格的影响变得显著和敏感，住宅价格曲线由内向外迅速下降（$P_1 \sim P_2$ 曲线）。到了郊区，区位条件对地价的影响程度重新下降，地价差异减小，住宅价格随着距离市中心距离的增大缓慢下降（$P_2 \sim P_3$ 曲线）。

从供需机制的视角来看，住宅价格空间分异格局也符合上述规律。中心地区由于区位条件优越，住宅需求最为强烈，且越靠近 CBD 地区，需求较强，而中心地区的住宅供给有限，供需矛盾突出，导致其价格最高，形成由内向外缓慢下降的高价格曲线（$P_0 \sim P_1$ 曲线）。到了外围地区，由于区位条件的敏感性，住宅需求程度由内向外迅速下降，而该地区的供给相对均衡稳定，导致住宅价格由高位向低位迅速下降（$P_1 \sim P_2$ 曲线）。在郊区，区位条件普遍较差，住宅的需求较低，而广大的郊区住宅供给相对较高，从而形成由内向外缓慢下降的低价格曲线（$P_2 \sim P_3$ 曲线）。因此，无论是基于成本视角还是供需视角，总体上都可形成由中心向外围非均衡递减的倒"S"形曲线。

2. 局部因素影响后的规律

上述一般规律性的总结，只考虑到了区位因素对住宅价格的影响。而生活便利性因素和周边景观与环境因素也决定了住宅的外部作用优势度，从而在局部改变了倒"S"形曲线的形态与走势（图 5-4）。假设 D 点的公共服务设施配备完善，交通条件较好，则该地区的生活便利性较好，其住宅价格会出现局部高点（P_d）。假设在 E 点出现局部环境污染情况，影响了周边景观与环境的品质，则该地区的住宅价格会产生局部低点（P_e）。

上述规律是建立在生活便利性因素和环境因素对城市造成局部影响的基础上的情形。如果这两种因素在城市形成普遍性影响，例如，中心地区的环境整体较差、犯罪率高、交通拥堵等，则降低了该地区的居住选择，其住宅价格空间分异格局的倒"S"形曲线将变缓（L_1 曲线）。当这种

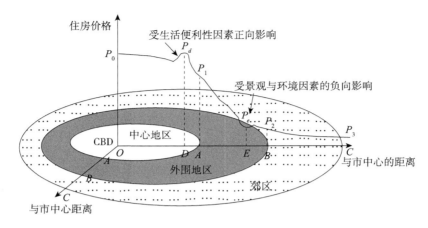

图 5-4　生活便利性和环境因素局部影响的城市住宅价格空间分异格局规律

情形更加严重时，市中心地区的住宅价格可能不是最高的地区，倒"S"形曲线将变为倒"U"形曲线（L_2 曲线）（图 5-5）。

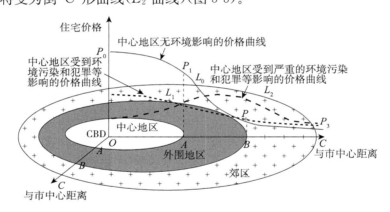

图 5-5　生活便利性和环境因素普遍影响的城市住宅价格空间分异格局规律

以上 3 种情况都是建立在城市内各个住宅自身优势度一致的假设前提下的。在城市内住宅自身优势度不同的情况下，其住宅价格空间分异格局曲线将产生变形：①当高档次住宅集中在中心地区时，住宅自身优势度由中心地区向外围地区递减，住宅自身优势度和外部作用优势度相叠加，其倒"S"形曲线变得更加明显，城市住宅价格由内向外的空间分异更加显著（L_1 曲线）；②当高档次住宅集中在外围和近郊地区时，住宅自身优势度由内向外逐步递增。此时，当以区位为代表的作用外部优势度对住宅价格产生主导影响时（常见于大城市），住宅价格的倒"S"形曲线将减缓（L_2曲线）。当以住宅档次为代表的住宅自身因素对住宅价格产生主导影响时（常见于中小城市），住宅价格空间分异格局将呈现倒"U"形曲线（L_3曲线）。此时，外围地区的住宅价格最高，内城由于住宅自身优势度差而住宅价格较低，郊区尽管住宅自身优势度较高，但外部作用优势度较差，价格也较低（图 5-6）。

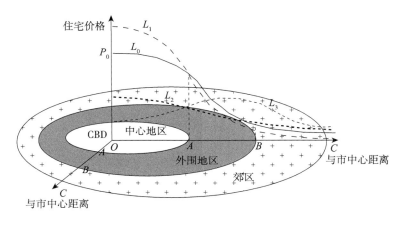

图 5-6　住宅自身优势度影响下的城市住宅价格空间分异格局一般规律

第二节　城市住宅价格空间分异的基本模式

一、两种城市发展情景下的住宅价格空间分异主要模式

住宅价格空间分异作用机理的复杂性，必然使得其分异模式具有多样性。在不同城市发展情景下，在不同主导因素的作用下，会产生不同的空间分异模式，进而有不同的住宅价格空间分异结构与之相适应。因此，城市发展情景和城市住宅价格空间分异的主导因素，是分析城市住宅价格空间分异模式的前提条件。尽管中国城市发展存在多重情景，但大的方面无外乎有两种：一是外延扩张为主；二是内部建设与改造为

主。其中，外延扩张指城市新建住宅主要向外围地区扩展，中心城区不进行拆迁；内部建设与改造指新建住宅主要建设在中心城区和重点核心区，并对原有住宅进行拆迁。

根据住宅优势度理论，城市住宅价格的主导因素包括住宅自身因素和外部作用因素两大方面。在不同因素占主导作用的情况下，模式也各有不同。这样可分为 3 种情况：一是住宅自身因素占主导；二是外部作用因素占主导；三是住宅自身因素和外部作用因素同时起作用。这样共产生了 6 种住宅价格空间分异的基本模式（表 5-1）。

表 5-1 城市住宅价格空间分异的主要模式

主导因素	城市发展情景 1：外延扩张情景	城市发展情景 2：内部建设与改造	两种情景并存
住宅价格主导因素 1：住宅自身因素	基本模式 1：外延扩张情景下住宅自身因素主导模式	基本模式 4：内部建设与改造情景下住宅自身因素主导模式	复合模式
住宅价格主导因素 2：外部作用因素	基本模式 2：外延扩张情景下外部作用因素主导模式	基本模式 5：内部建设与改造情景下外部作用因素主导模式	复合模式
自身与外部因素共同作用	基本模式 3：外延扩张情景下自身与外部因素共同作用模式	基本模式 6：内部建设与改造情景下自身与外部因素共同作用模式	复合模式

（1）基本模式 1：外延扩张情景下住宅自身因素主导模式。

（2）基本模式 2：外延扩张情景下外部作用因素主导模式。

（3）基本模式 3：外延扩张情景下自身与外部因素共同作用模式。

（4）基本模式 4：内部建设与改造情景下住宅自身因素主导模式。

（5）基本模式 5：内部建设与改造情景下外部作用因素主导模式。

（6）基本模式 6：内部建设与改造情景下自身与外部因素共同作用模式。

而除了上述 6 种基本模式外，城市常常存在外延扩张、内部建设与改造并存的情形，进而产生了更为复杂的复合模式（表 5-1）。以 3 种不同的城市空间结构视角进行分析，则形成了 3 种复合模式。

（1）复合模式 1：同心圆式复合模式。

（2）复合模式 2：扇形复合模式。

（3）复合模式 3：多核心式复合模式。

需要指出的是，由于住宅子市场作用的影响，不同住宅类型子市场的区位指向会直接影响城市住宅价格的空间分异模式，使得模式研究更加复杂化。因此，本书将模式研究的对象限定在具有 70 年产权的市场常见交易类型住宅（包括普通商品房、保障性住房和房改房）。

当然，住宅自身优势度在城市中的空间分异格局，也并非都有明显规律的，也有可能是高、低住宅自身优势度相互交错，呈"马赛克"式分布，这样的空间分异格局将更加复杂，但仍然遵循城市住宅价格空间分异的作用机理及规律性。

二、城市住宅价格空间分异的 6 种基本模式

当两种不同发展情景和 3 种不同因素发挥主导作用时，形成了 6 种城市住宅价格空间分异的基本模式，并出现匹配的空间结构与之响应。

（一）外延扩张情景下城市住宅价格空间分异的 3 种基本模式

外延扩张一般又可分为两种：圈层外延扩展和扇形外延扩展。在两种扩张情形下，住宅自身优势度的空间格局如图 5-7 所示。

（a）圈层外延扩展　　　　　　（b）扇形外延扩展

图 5-7　外延扩张情景下住宅自身优势度空间格局示意图

当城市处于圈层外延扩展情景时，大量新建住宅出现在城市外围地

区，而城市中心地区依然保持原貌。外围地区多为新建住宅，建筑档次高，设计水平高，小区环境好、档次高，住宅类型以普通商品房为主，因此住宅自身优势度普遍较好。反观城市中心地区，多为老旧小区和早期建设的房改房，建筑档次低，设施陈旧，小区环境差、档次低，住宅自身优势度普遍较低。城市近郊地区往往是保障性住房的集聚区，其建设水平与档次要低于普通商品房，但要高于城市中心区的老旧小区和早期的房改房。

同样，当城市处于扇形外延扩展情景时，大量新建普通商品房出现在特定的扇形区域内，其住宅自身优势度明显高于其他地区。而城市中心地区，多为老旧小区和早期建设的房改房，住宅自身优势度普遍较低。而未受到扇形扩张影响的地区，往往是区位与环境较差的区域，多是保障性住房建设的集中区。其住宅自身优势度低于普通商品房，但高于城市中心区住房。

在城市外延扩展情景下，城市住宅的外部作用优势度格局与住宅自身优势度格局有明显的差异。由于城市的圈层式外延扩张，中心地区优越的区位与便利性显得更加重要，其外部作用优势度最大，而外围地区的外部作用优势度次之，近郊地区最差。当城市呈扇形扩展时，中心地区的外部作用优势度依然最大，其次为扇形扩展地区，而外围未扩展地区的外部作用优势度最差(图 5-8)。

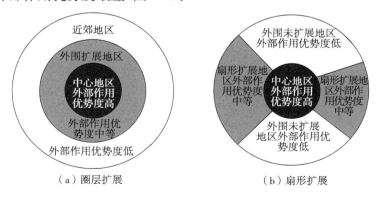

（a）圈层扩展　　　　　　（b）扇形扩展

图 5-8　外延扩展情景下外部作用优势度空间格局示意图

在城市外延扩展情景下，以住宅自身因素为主导、以外部作用因素为主导、以自身和外部因素同时作用的 3 种住宅价格空间分异模式如图 5-9 所示。

1. 外延扩展情景下住宅自身因素主导的空间分异模式

当城市的住宅自身因素对住宅价格的影响产生主导作用时，住宅价格必然与其住宅自身优势度格局相匹配。当城市圈层扩展时，形成了外围地区住宅价格高，中心地区住宅价格低，近郊地区住宅价格中等的空间模式；当城市呈扇形扩展时，形成了扇形扩展地区住宅价格高，中心地区住宅价格低，外围未扩展地区住宅价格中等的空间模式。

2. 外延扩展情景下外部作用因素主导的空间分异模式

当城市的外部作用因素对住宅价格的影响产生主导作用时，住宅价格必然与其外部作用优势度格局相匹配。当城市呈圈层扩展时，形成了中心地区住宅价格高，外围地区住宅价格中等，近郊地区住宅价格低的空间模式；当城市呈扇形扩展时，形成了中心地区住宅价格高，扇形扩展地区住宅价格中等，外围未扩展地区住宅价格低的空间模式。

3. 外延扩展情景下自身与外部因素同时作用的空间分异模式

前两种模式形成的前提条件较为理想化，事实上，多数城市的住宅价格同时受到住宅自身因素和外部因素的共同作用与影响。这样两种不同主导作用下的住宅优势度格局相互叠加，形成了新的住宅价格空间分异模式。

城市圈层扩展情况下的住宅价格空间分异模式为：中心地区由于低住宅自身优势度和高外部作用优势度的共同作用，形成中等住宅价格区；外围扩展地区由高住宅自身优势度和中外部作用优势度共同影响，构成中高住宅价格区；近郊地区由中住宅自身优势度和低外部作用优势度共同作用，形成中低住宅价格区。

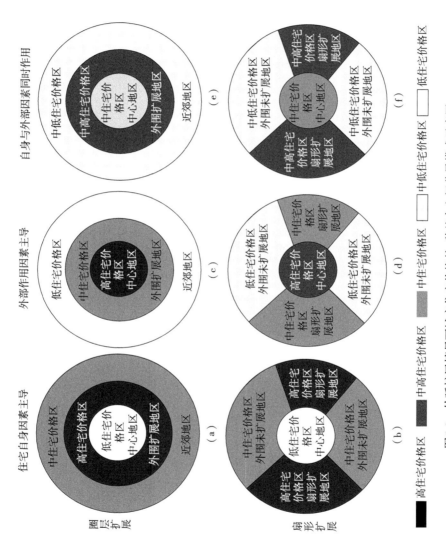

图5-9　外延扩展情景下城市住宅价格的3种基本空间分异模式示意图

　　城市扇形扩展情况下的住宅价格空间分异模式为：中心地区由于低住宅自身优势度和高外部作用优势度的共同作用，形成中等住宅价格区；扇形扩展地区由高住宅自身优势度和中外部作用优势度共同影响，构成中高住宅价格区；外围未扩展地区由中住宅自身优势度和低外部作用优势度共同作用，形成中低住宅价格区。

　　从圈层和扇形两种情况下的住宅价格分异程度可知，在自身因素和外部作用共同影响下的住宅价格分异程度，要弱于单因素作用下的分异程度。这是由于两种因素同时作用于住宅时，往往容易出现高低抵消的情况。例如，中心城区的低住宅自身优势度和其高外部作用优势度抵消，其价格为中等。

（二）内部建设与改造情景下城市住宅价格空间分异的 3 种基本模式

　　内部建设与改造情景一般又可分为两种：圈层式内部建设与改造和多核心式内部建设与改造。在两种城市建设与改造情形下，住宅自身优势度的空间格局如图 5-10 所示。

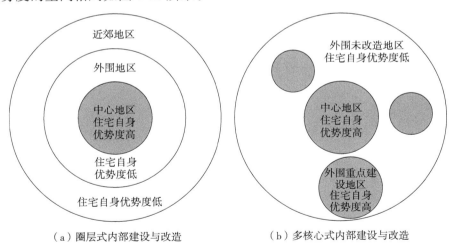

（a）圈层式内部建设与改造　　　　（b）多核心式内部建设与改造

图 5-10　内部建设与改造情景下住宅自身优势度的空间格局示意图

　　在圈层式内部建设情况下，新建住宅及高档次住宅首先集聚在城市中心区建设，使得中心城区住宅的自身优势度最高；外围地区和近郊地区则是未被完全改造和建设的住宅区，建设年代相对较远，建筑档次较低，住宅自身优势度较差。

在多核心式内部建设与改造情况下，中心地区依然最先集聚新建住宅及高档次住宅，该地区的自身优势度依然最高。外围地区依然是未被完全改造和建设的住宅区，建设年代相对较远，建筑档次较低。但外围的部分地区也集中了部分较高档次的住宅，并由此在外围地区形成了核心区，住宅自身优势度也很高；而其他外围未改造地区少有新住宅建设，整体住宅建设档次最低，住宅自身优势度低。

在城市内部建设与改造情景下，城市住宅的外部作用优势度格局与住宅自身优势度格局差异不大。在城市圈层式内部建设与改造的情况下，中心地区的区位与便利性历来最为优越，加之中心城区的城市改造，使得其景观与环境也得到了显著提升，因此，中心城区的外部作用优势度最大，外围地区的外部作用优势度次之，近郊地区最差。在城市多核心式内部建设与改造的情况下，中心地区的外部作用优势度依然最大。外围地区的外部作用优势度最小，但在外围重点建设地区，其区位与便利性要优于外围改造地区(图5-11)。

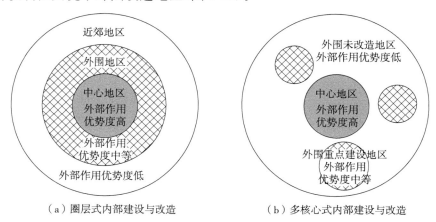

（a）圈层式内部建设与改造　　　　（b）多核心式内部建设与改造

图5-11　内部建设与改造情景下外部作用优势度的空间格局示意图

在城市内部建设与改造情景下，以住宅自身因素为主导、以外部作用因素为主导、以自身和外部因素同时作用的3种住宅价格空间分异模式如图5-12所示。

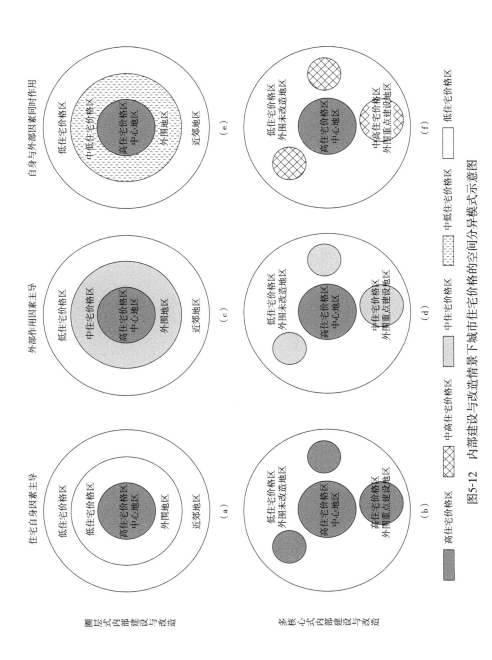

图5-12 内部建设与改造情景下城市住宅价格的空间分异模式示意图

1. 内部建设与改造情景下住宅自身因素主导的空间分异模式

当城市的住宅自身因素对住宅价格的影响产生主导作用时，住宅价格必然与其住宅自身优势度格局相匹配。当城市处于圈层式内部建设与改造时，形成中心地区住宅价格高，外围地区和近郊地区住宅价格低的空间模式；当城市处于多核心式内部建设与改造时，形成中心地区和外围重点建设地区住宅价格高，其他地区住宅价格低的空间模式。

2. 内部建设与改造情景下外部作用因素主导的空间分异模式

当城市住宅的外部作用自身因素对住宅价格的影响产生主导作用时，住宅价格格局将与外部作用优势度格局相匹配。当城市处于圈层式内部建设与改造时，形成中心地区住宅价格高，外围地区住宅价格中等，近郊地区住宅价格低的空间模式；当城市处于多核心式内部建设与改造时，形成中心地区住宅价格高和外围重点建设地区住宅价格中等，其他地区住宅价格低的空间模式。

3. 内部建设与改造情景下自身与外部因素同时作用的空间分异模式

上述两种模式形成的前提条件较为理想化，多数城市的住宅价格同时受到住宅自身因素和外部因素的共同作用与影响。这样两种不同主导作用下的住宅优势度格局相互叠加，形成新的住宅价格空间分异模式。

城市圈层内部建设与改造情况下的住宅价格空间分异模式为：中心地区由于高住宅自身优势度和高外部作用优势度的共同作用，形成高住宅价格区；外围扩展地区受到低住宅自身优势度和中外部作用优势度的共同影响，构成中低住宅价格区；近郊地区由低住宅自身优势度和低外部作用优势度共同作用，形成低住宅价格区。

城市多核心式内部建设与改造情况下的住宅价格空间分异模式为：中心地区由于高住宅自身优势度和高外部作用优势度的共同作用，形成高住宅价格区；外围重点建设地区由高住宅自身优势度和中外部作用优势度共同影响，构成中高住宅价格区；外围未改造地区由低住宅自身优势度和低外部作用优势度共同作用，形成低住宅价格区。

从圈层和扇形两种情况下的住宅价格分异程度可知，在自身因素和外部作用共同影响下的住宅价格分异程度，要弱于单因素作用下的分异程度。这是由于两种因素同时作用于住宅时，往往容易出现高低抵消的情况。例如，中心城区的低住宅自身优势度和其高外部作用优势度抵消，其价格为中等。

三、城市住宅价格空间分异的 3 种复合模式

上述六大基本空间分异模式是在理想状态下，城市完全外延扩展或完全进行内部建设与改造的情景下出现的。但实际上多数城市往往在外延扩展的同时，进行着内部建设与改造。当二者同时进行时，城市某个圈层或区域内部，住宅优势度会出现不同质的现象，即多种优势度的住宅相互混杂，这样便构成了复杂的复合空间模式。下面将分别从圈层、扇形和多核心 3 种城市结构分别探讨。

（一）圈层结构下的城市住宅价格复合空间模式

在圈层的城市结构下，当城市外延扩展与内部改造同时进行时，其住宅价格空间格局出现如下情形：城市外围地区出现部分新建住宅，但依然与其原有老旧住宅混合，而城市中心地区也出现内部建设与改造的情况，新建住宅与老旧住宅混合。上述两个地区均为"高＋低"式的住宅自身优势度格局。城市近郊地区往往是保障性住房的集聚区，其建设水平与档次要低于普通商品房，但要高于城市中心区的老旧小区和早期房改房，与一些低自身住宅优势度的住宅混合，形成了"中＋低"式住宅自身优势度格局。但在圈层结构下，中心地区的外部作用优势度依然最高，外围地区次之，近郊区最低。这样在住宅自身因素与外部因素的综合作用下，中心城区出现了"中＋高"价格混合区，外围地区出现了"中高＋中低"价格混合区，近郊地区为"中低＋低"价格混合区（图 5-13）。

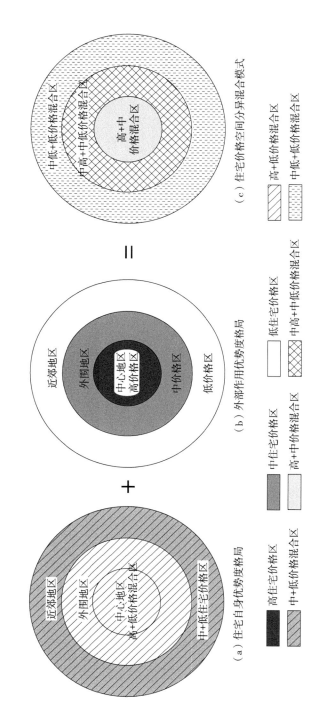

（a）住宅自身优势度格局

+

（b）外部作用优势度格局

=

（c）住宅价格空间分异混合模式

图5-13　城市住宅价格空间分异复合模式示意图（同心圆结构）

（二）扇形结构下的城市住宅价格复合空间模式

在扇形城市结构下，当城市外延扩展与内部改造同时进行时，其住宅价格空间格局出现如下情形：城市扇形扩展地区出现部分新建住宅，但依然与其原有老旧住宅混合。而城市中心地区也出现了内部建设与改造的情况，新建住宅与老旧住宅混合。上述两个地区均为"高＋低"式住宅自身优势度格局。城市外围其他未扩展地区形成"中＋低"式住宅自身优势度格局。对于外部作用优势度，中心地区依然最高，扇形扩展地区次之，其他未扩展地区最低。这样在住宅自身因素与外部因素的综合作用下，中心城区出现了"中＋高"价格混合区，扇形扩展地区出现了"中高＋中低"价格混合区，其他未扩展地区为"中低＋低"价格混合区。其复合空间模式如图 5-14 所示。

（三）多核心结构下的城市住宅价格复合空间模式

在多核心城市结构下，当城市外延扩展与内部改造同时进行时，其住宅价格空间格局出现如下情形：城市中心地区也出现内部建设与改造的情况，新建住宅与老旧住宅混合。城市外围重点建设地区出现部分新建住宅，但依然与其原有老旧住宅混合。上述两个地区均为"高＋低"式住宅自身优势度格局。城市外围其他未扩展地区形成低自身优势度格局。对于外部作用优势度，中心地区依然最高，外围重点建设地区次之，其他未扩展地区最低。这样在住宅自身因素与外部因素的综合作用下，中心城区出现"中＋高"价格混合区，多核心重点建设地区出现"中高＋中低"价格混合区，其他未扩展地区为低价格区。其复合空间模式如图 5-15 所示。

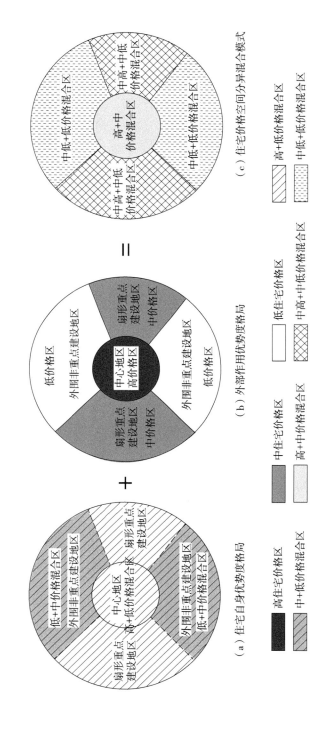

图5-14　城市住宅价格空间分异模式示意图（扇形结构）

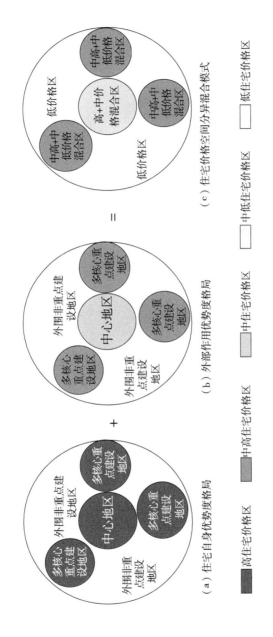

（a）住宅自身优势度格局 ＋ （b）外部作用优势度格局 ＝ （c）住宅价格空间分异混合模式

图5-15 城市住宅价格空间分异复合模式示意图（多核心结构）

（四）城市住宅价格分异的三大复合模式特征

基于城市外部扩展和内部改造并存的情景，在住宅自身因素和外部作用因素的共同影响下，3 种城市空间结构出现了 3 种住宅价格分异的空间复合模式（表 5-2）。这 3 种复合模式的情景及影响因素作用最符合目前中国城市发展的情况。因此，这 3 种复合模式对中国城市住宅价格空间分异结构的研究具有一定的指导与借鉴意义。

表 5-2　城市住宅价格空间分异的三大复合基本模式及特征

三大复合模式	圈层结构的复合模式	扇形结构的复合模式	多核心结构的复合模式
住宅价格空间分异结构特征	"高＋中"混合（中心）—"中高＋中低"混合（外围）—"中低＋低"混合（近郊）	"高＋中"混合（中心）—"中高＋中低"混合（扇形重点建设地区）—"中低＋低"混合（外围非重点建设地区）	"高＋中"混合（中心）—"中高＋中低"混合（多核心重点建设地区）—低（外围非重点建设地区）
住宅价格空间分异结构示意图			

第 六 章

住宅优势度的测度方法与案例研究

　　住宅优势度测度模型的构建基础，是住宅优势度理论中住宅优势度基本内涵、构成要素及评价体系的内容。此处重点探讨的是住宅优势度各个层次构成要素的权重与定量评价方法。基于该模型得出的住宅优势度得分，可作为理论住宅价格计算的基础和依据，进而得出理论住宅价格的计算方法。本书选择扬州市主城区作为典型研究案例，对其住宅价格和住宅优势度的空间格局进行综合测度与对比，计算理论住宅价格，并与真实的住宅价格比较。结果表明：扬州市住宅优势度的空间分异格局与住宅价格空间分异格局类似，表明本书建立的住宅优势度理论及其研究视角基本合理；基于住宅优势度视角计算的理论住宅价格与现实价格的空间格局总体一致，但也有部分地区的差别较大，显示出了这些住宅价格的高估或低估程度；扬州市住宅自身优势度与外部作用优势度的格局显著不同，表明了住宅自身因素与外部作用因素对住宅价格影响的差别明显。

第一节 住宅优势度的测度模型与方法

一、住宅优势度的测度模型构建

根据住宅优势度测度模型得出的结果即住宅优势度(HD),住宅优势度首先是由住宅自身优势度(SD)和外部作用优势度(WD)构成,因此首先分别构建现实优势度和预期优势度的模型(图6-1)。

图 6-1 住宅优势度评价模型的基本要素构成图

该模型的表达式为

$$HD = SDf(SD) + WDf(WD) \tag{6-1}$$

式中,$f(SD)$为住宅自身优势度(SD)的权重,$f(WD)$为外部作用优势度(WD)的权重。

住宅自身优势度(SD)由单户住宅档次与水平(SD_1)和小区建设档次与水平(SD_2)构成,因此,住宅自身优势度可表示为

$$SD = SD_1 f(SD_1) + SD_2 f(SD_2) \tag{6-2}$$

式中，$f(SD_1)$ 为单户住宅档次与水平（SD_1）的权重，$f(SD_2)$ 为小区建设档次与水平（SD_2）的权重。

同理，外部作用优势度（WD）由区位与便利性（WD_1）和周边景观与环境（WD_2）构成，因此，外部作用优势度可表示为

$$WD = WD_1\,f(WD_1) + WD_2\,f(WD_2) \tag{6-3}$$

式中，$f(WD_1)$ 为区位与便利性（WD_1）的权重，$f(WD_2)$ 为周边景观与环境（WD_2）的权重。权重可采用熵技术测度，过程可参见论文《扬州市住宅价格的空间分异与模式演变》（王洋等，2013）。这 4 个方面的优势度可作为测度模型的基本单元。这 4 个基本单元的测度分别基于其各自的评价指标及其预期修正共同构成。上述测度过程的逻辑关系可总结为图 6-2。

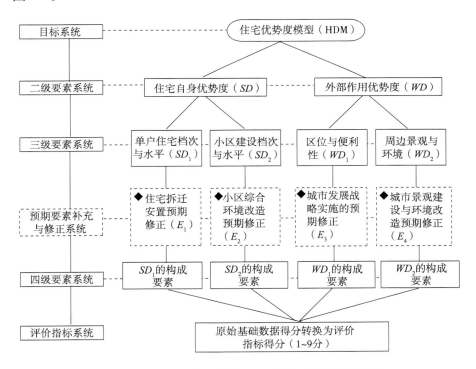

图 6-2　住宅优势度评价模型各要素构成的逻辑关系图

二、住宅优势度各组成要素强度测度

单户住宅档次与水平(SD_1)由一系列评价指标构成。因此，建立单户住宅档次与水平的指标集 X：

$$X=[x_1, x_2, \cdots, x_n] \tag{6-4}$$

其中，n 为评价指标数，可采用熵技术修正下的 AHP 法计算其权重 w_i。并得出权重矩阵

$$W=[w_1, w_2, \cdots, w_n] \tag{6-5}$$

得出指标得分的评价集

$$V=[H_1, H_2, \cdots, H_n] \tag{6-6}$$

其中，

$$H_i = x_i w_i \tag{6-7}$$

因此，未修正的单户住宅档次与水平优势度 Z 可表示为

$$Z = \sum_{i=1}^{n} x_i w_i \tag{6-8}$$

单户住宅档次与水平优势度还受到住宅拆迁安置预期（E_1）的影响与修正。因此，考虑到预期因素影响修正的单户住宅档次与水平优势度 SD_1 最终可表示为

$$SD_1 = g(E_1) \sum_{i=1}^{n} x_i w_i \tag{6-9}$$

式中，x_i 为单户住宅档次与水平中第 i 个指标的得分，分值为 1～9 分；w_i 为第 i 个指标的权重；n 为评价指标数；$g(E_1)$ 为预期作用修正系数。根据预期作用强度，取值分别为 1（无预期作用）、1.1（有一定的预期作用）、1.3（有较强的预期作用）。

其余 3 个住宅优势度基本测度单元（小区建设档次与水平、区位与便利性、周边景观与环境）的测度方法同理。本书为了方便说明，将 4 个子优势度的权重都赋予 0.25。

这样，住宅优势度测度模型（HDM）可表示为

$$HD = 0.25SD_1 + 0.25SD_2 + 0.25WD_1 + 0.25WD_2 \tag{6-10}$$

为了使多个年份的住宅优势度之间具有可比性，可将住宅优势度 HD 乘以一个年份修正系数 ε。每个年份的住宅优势度修正系数都有所不同，设 HD 为基期年份的住宅优势度，第 q 个年份的修正系数为 ε_i，则第 q 个年份的住宅优势度 HD_q 为

$$HD_q = \varepsilon q HD \qquad (6\text{-}11)$$

上述计算过程及相互关系可表示为图 6-3。

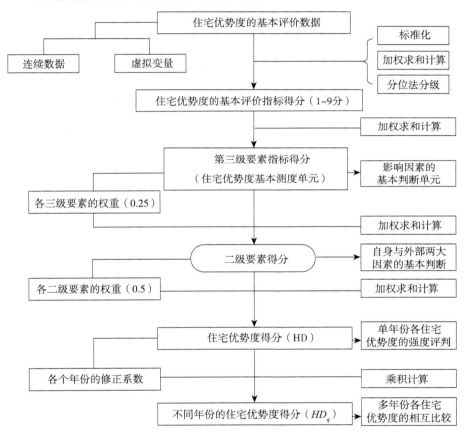

图 6-3 住宅优势度测度的基本流程及其关系图

三、基于住宅优势度的理论住宅价格计算方法

根据本书建立的住宅优势度研究视角，可以认为住宅价格是住宅优

势度的货币体现，因此，住宅优势度可以在一定程度上反映出住宅的理论价格。可通过理论住宅价格转换系数 λ 将住宅优势度转换为理论住宅价格。第 i 个住宅的理论价格转换系数 λ_i 可表示为

$$\lambda_i = p_i / HD_i \tag{6-12}$$

式中，p_i 为第 i 个住宅的现实住宅价格，HD_i 为第 i 个住宅的住宅优势度。

该年份总体理论住宅价格转换系数 λ 可表示为

$$\lambda = \frac{1}{n} \sum_{i=1}^{n} \lambda_i \tag{6-13}$$

因此，该年份第 i 个住宅的理论价格 P_i 为

$$P_i = p_i HD_i \tag{6-14}$$

该理论价格可判断住宅理论价格与实际价格的差距，进而判断实际住宅价格的泡沫性或增长潜力。

第二节　扬州市的实证案例研究

一、扬州市案例的典型性与城市概况

（一）扬州市作为案例城市的典型性

扬州市的城市规模适中、住宅价格适中，且与中国多数城市具有很多相同的共性，在中国能够代表大多数城市，因此选取扬州市作为典型案例城市具有一定的典型性，具体如下。

1. 扬州市的城市规模非常典型

扬州市的人口规模、用地规模、居住用地规模，在全国城市中均位于中上水平，具有代表性。本书的人口规模按城区人口规模计算，相比

于市区人口，城区人口更能反映城市的功能地域与实体地域，这些人口基本居住在城市住宅中。研究中还考虑了城区暂住人口的影响，城区暂住人口也有强烈的住宅需求，因此，本书的人口规模一般指城区总人口（含城区人口和城区暂住人口）。其中，扬州市城区（不含江都区）的人口规模为 76.92 万人（含暂住人口 3.17 万人），位于中国 654 个城市中的第 95 位，属于大城市；建成区面积为 78.60km²（不含江都区），位于中国 654 个城市中的第 106 位；居住用地面积为 25.09 km²（不含江都区），在全国城市中排在第 107 位①，这样的城市规模在中国城市中的代表性最为广泛和典型。

2. 扬州市的住宅价格具有代表性

中国城市间的住宅价格存在着显著的空间分异（王洋，2013），网络房价数据②对全国主要城市二手房均价的计算结果，代表了该城市的住宅价格水平。其中，扬州市的住宅均价为本书研究的所有小区的建筑面积加权计算结果。采集时间为 2012 年 8 月，样本城市共 128 个（图 6-4）。本书将这些城市 2012 年 8 月住宅均价进行排列，根据排序规律，参考聚类分析结果可知：住宅均价在 6001～10 000 元/m² 的城市为 48 个，将其定义为中等房价城市；4001～6000 元/m² 为低房价城市，共 50 个；低于 4000 元/m² 的为极低房价城市，仅有 11 个；10 001～20 000 元/m² 的为高房价城市，共 14 个；北京、温州、上海、三亚、深圳的住宅均价高于 20 001 元/m²，为极高房价城市。2012 年，扬州市住宅价格均价为 8130 元/m²，位于上述 128 个主要城市的第 26 位，属于中等房价城市（表 6-1）。因此，扬州市的住宅均价在全国具有较高的代表性。

---

① 没有统计北京、天津、上海、阳江、揭阳五市，为 2009 年年末数据。

② 包括城市房产网（http://yz.cityhouse.cn/）、房价网（http://yz.fangjia.com/）和 58 同城（http://dict.58.com/xiaoqu/html/changecity? dir＝xiaoqu）等。

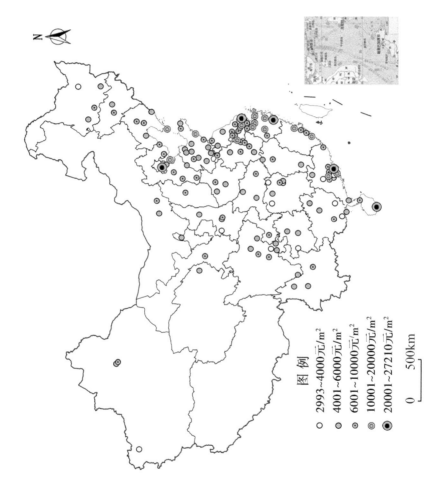

图6-4　中国典型城市住宅价格的空间格局

图 例

○　2993~4000元/m²
◉　4001~6000元/m²
◉　6001~10000元/m²
◉　10001~20000元/m²
◉　20001~27210元/m²

0　　　　500km

表 6-1　中国 128 个主要城市的住宅价格等级分布情况

房价等级	城市名称及数量	价格区间 /(元/m²)	平均价格 /(元/m²)
Ⅰ级(极高房价城市)	北京、温州、上海、三亚、深圳共 5 个城市	高于 20 001	22 884
Ⅱ级(高房价城市)	杭州、厦门、广州、南京、宁波、天津、青岛、金华、福州、大连、绍兴、台州、珠海、苏州共 14 个城市	10 001～20 000	12 836
Ⅲ级(中等房价城市)	昆明、成都、湖州、南昌、南通、济南、扬州、无锡、武汉、佛山、莆田、兰州、沈阳、郑州、镇江、泉州、嘉兴、常州、哈尔滨、秦皇岛、烟台、衢州、西安、海口、太原、泰州、鞍山、南宁、石家庄、重庆、东莞、徐州、长沙、保定、廊坊、呼和浩特、合肥、唐山、长春、乌鲁木齐、汕头、铜陵、芜湖、连云港、乐山、邯郸、马鞍山、日照共 48 个城市	6 001～10 000	7 137
Ⅳ级(低房价城市)	桂林、盐城、赣州、大理、柳州、泰安、宜昌、中山、湛江、贵阳、江门、济宁、蚌埠、包头、惠州、安庆、淄博、德州、银川、宜宾、襄阳、九江、丹东、东营、西宁、威海、锦州、大庆、宿迁、吉林、泸州、洛阳、绵阳、丽江、株洲、潍坊、北海、南充、遵义、韶关、常德、平顶山、延安、临沂、昌吉、牡丹江、攀枝花、咸阳、滨州、枣庄共 50 个城市	4 001～6 000	5 081
Ⅴ级(极低房价城市)	玉林、钦州、清远、宝鸡、湘潭、佳木斯、岳阳、自贡、六盘水、喀什、张家界共 11 个城市	低于 4 000	3 601

3. 扬州市与全国多数城市具有共性

　　扬州市与全国多数城市具有相似的共性，这些共性使得扬州具有住宅价格空间分异研究的典型性。这些共性包括较为完整的城市演变历史；新城开发与旧城改造并存；绅士化与郊区化并存；不同片区分异显著；具有典型的城中村且正在改造中；没有轨道交通对住宅价格的干扰。这些特征与全国多数二、三线城市具有共性，可以代表多数三线城市和部分二线城市。因此，可以认为扬州市是中国城市较为典型的案例。

（二）扬州市概况

1. 扬州市域概况

　　扬州市是中国历史文化名城，是联合国人居奖城市、中国人居环境奖城市、国家环境保护模范城市、中国和谐管理城市、中国文明城市、中国森林城市。其位于江苏省中部，长江下游北岸，江淮平原南端，是国家重点工程南水北调东线的水源地。扬州市已有 2500 年的建城史，现辖广陵、邗江、江都 3 个区和宝应 1 个县，代管仪征、高邮 2 个县级市。全市共有 71 个镇、5 个乡和 13 个街道办事处。全市总面积 6634km²，其中市辖区面积 2310km²；全市总人口约 459.12 万人，其中市辖区人口 229.10 万人(图 6-5)。

2. 扬州市中心城区(研究区)概况

本书的研究区为扬州市中心城区。其范围为扬溧高速公路以东；启扬高速公路以南；仪扬河—吴州路以北；廖家沟以西(图 6-6)。其总人口(含暂住人口)为 76.92 万人，面积 220km²，其中，城市建设用地面积 89.26km²，城市住宅所占用的面积(含集体产权低层住宅、商住楼用地等)共计 33.55km²。该范围是扬州市的城市功能地域，相比于行政地域，更有利于对住宅价格相关问题的研究。

二、研究单元与范围界定

(一)居住小区分布与研究单元的界定

本书采用研究区内住宅小区全覆盖式研究，对住宅小区的划分与界定采用的基本原则是：相同住宅小区内住宅的建筑年份、建筑层数、建筑档次等建筑特征具有唯一性。同一个居住小区内可能有不同的居住组团，而居住组团间的建筑年份、建筑层数、建筑档次等可能有显著差异，进而影响其住宅价格。遇到这类情况时，本书将其"拆分"成不同的研究单元，以保证每个"住宅小区"具有建筑年份、建筑档次、建筑层数等性质的唯一性(彩图 1)。

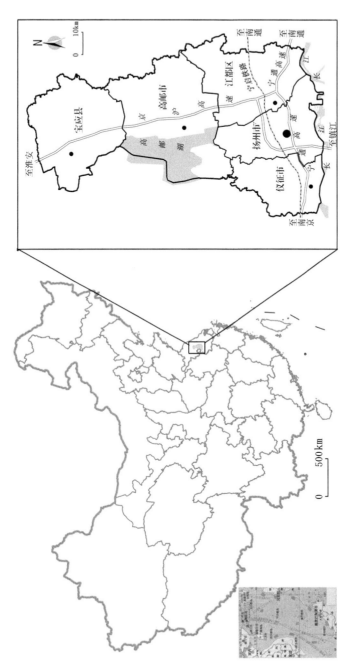

图6-5 扬州市在中国的位置及其行政区划图

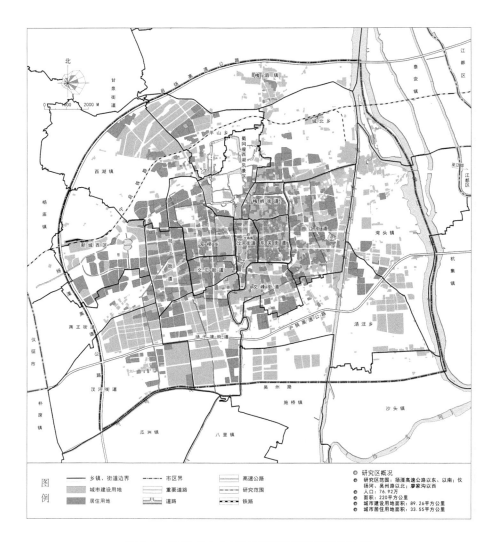

图 6-6　扬州市中心城区研究范围及行政区划图

　　例如，广义上的砚池小区中包括砚池新寓和砚池锦悦花苑，砚池锦悦花苑的建筑档次明显要高于砚池新寓，而砚池新寓中的住宅建筑年代又有新旧之分，在住宅交易中买卖双方也常常以"老砚池"和"新砚池"加以区分，而 2012 年"老砚池"的均价为 9456 元/m²，"新砚池"的均价为 10 547 元/m²。同样，砚池锦悦花苑也有多层住宅和小高层住宅之分，而多层住宅的实际使用面积明显大于小高层。这些不同的特征对砚池小区的住宅价格均有不同程度的影响。因此，根据本书对研究单元划分的原则，将砚池小区划分为 4 个研究单元，分别为砚池新寓老、砚池新寓新、砚池锦悦花苑多层、砚池锦悦花苑小高层。这样每个研究单元保证了各种建筑特征的唯一性，使得住宅价格的空间分异的格局和影响因素等相关研究更加清晰和明确。这样 2012 年最终形成的研究单元共 1305个。住宅用地主要分布在宁启铁路以南，沪陕高速公路以北，京杭大运河以西，扬溧高速公路以东的区域。根据研究需要，按不同住宅类型、不同建筑年份、不同环境与档次水平、不同规模、不同人口居住密度等方面，将住宅小区进行分类，这种分类便于对各住宅子市场的研究。

（二）研究区内部地域空间范围的界定

根据实际研究的需要，参考芝加哥人类生态学派的"圈层结构"和"扇形结构"对城市居住空间的划分，综合考虑扬州市住宅的建筑年份、建筑类型等因素，从圈层空间和扇形空间两个方面界定研究区内的地域空间范围①（图 6-7）。

本书对扬州市中心城区圈层空间的划定如下：由内向外分别为第一到第四圈层，分别对应古城、旧城、新城和近郊。其中，古城范围北至玉带河、西至二道河，东、南至古运河，面积为 5.07km²，占中心城区的比例为 2.30%；旧城范围为北至平山堂东路和上方寺路、西至维扬路、南至开发路（开发西路＋开发东路）、东至观潮路，不含古城区，面积为 28.77km²，占中心城区的比例为 13.07%；新城范围为北至宁启铁路、西至真州路（真州中路＋真州南路）、南至沪陕高速公路、东至京杭大运河，不含旧城区和古城区，面积为 65.95 km²，占中心城区的比例为 29.95%；近郊区的范围即除了上述 3 个圈层以外的所有地区，面积为 120.36km²，占中心城区的比例为 54.67%。

---

① 圈层空间的划定主要参考《扬州市城市总体规划（2009—2020）》、《扬州市旧城改造地区地块整理工作（2010）》中对古城、旧城、新城等范围的界定；扇形空间的划定主要参考扬州房地产信息网对东区、西区、北区和古城范围的界定（http://www.yzfdc.cn/BuildingDish_Map.aspx）。

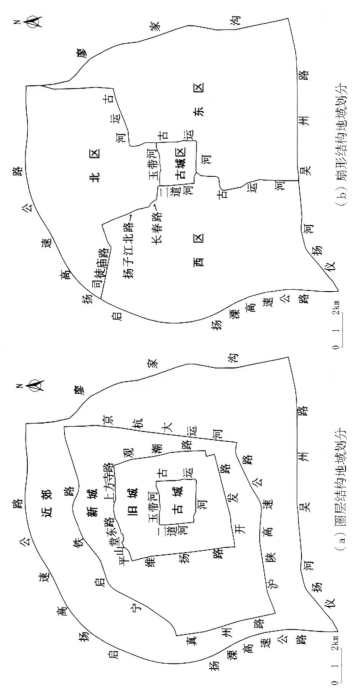

图6-7 扬州中心城区圈层空间和喇形空间的地域范围界定

本书对扬州市中心城区扇形空间的划定如下：古城范围与圈层结构中的古城范围一致，作为核心区。由此向外围 3 个方向放射，形成西区、东区和北区。其中，西区范围为西至扬溧高速公路、南至仪扬河和吴州路、东至二道河和古运河、北至长春路和扬子江北路和司徒庙路，面积为 77.15 km²，占中心城区的比例为 35.04％；东区西、北至古运河，东至廖家沟，南至吴州路，面积为 80.78km²，占中心城区的比例为 36.69％；北区范围为西、北至启扬高速公路，南至司徒庙路、扬子江北路、长春路、玉带河、古运河，东至古运河，面积为 57.15 km²，占中心城区的比例为 25.96％。

（三）数据来源与处理

1. 地理信息数据的来源与处理

扬州市中心城区各个类型的用地边界数据来源于《扬州市城市总体规划(2009—2020)——规划区土地利用现状图》。各个住宅小区的边界数据来源于《扬州市城市总体规划(2009—2020)——规划区土地利用现状图》和《扬州市地籍图(2009)》，以及参考了"E 都市地图——扬州"共同确定的。

2. 住宅价格数据的来源与处理

以 2012 年住宅价格为基础数据，主要来自于"城市房产——扬州"[①]对 2012 年挂牌数据计算出来的平均值(采集时间为 2012 年 7～9 月)，对并根据扬州二手网[②]、搜房网[③]、58 同城[④]等网站的数据进行核对和补充。

3. 其他相关数据的来源与处理

(1) 住宅性质和住宅建筑年份的数据主要来源于扬州市住房保障和房产管理局及其各分局的协助；对小区实地走访和询问；对房产中介公司的询问；相关房产信息网站。

---

① http://yz.cityhouse.cn/.
② http://www.yz2shou.com/fdc.htm.
③ http://esf.yz.soufun.com/.
④ http://yz.58.com/xiaoqu/.

（2）住宅小区用地面积的数据，是通过本书的基础地理信息数据计算而得。

（3）容积率和绿化率的数据来源于扬州市各个片区（控规单元）的控制性详细规划的现状图和规划图；扬州市规划局对各住宅建设项目的公式；各住宅小区的项目简介。

（4）建筑面积的数据来源于扬州市规划局对各住宅建设项目的公式和各住宅小区的项目简介，并通过各个住宅交易网站进行补充。根据地块面积和容积率计算而得。

（5）住宅小区综合环境与档次的数据来源于笔者对扬州市各小区的亲自调研和体验而得，相比于公共调查或问卷调查，这种亲自体验与调研具有相同的感受尺度，减少了由于答卷的随意性和感受尺度的差异性带来的得分偏差。

（6）城市各类用地和各类公共服务设施的数据来源于《扬州市城市总体规划（2009—2020）——规划区土地利用现状图》、《扬州市城市消防规划（2007—2020）》、《扬州市中小学布点规划（2007—2020）》、《扬州市幼儿园布点规划（2007—2020）》、《扬州市公交场站布局专项规划》、《扬州市黑线（高压走廊）规划（2008）》、《扬州市城市环境卫生专项规划（2005）》、《扬州市加油站布点规划（2004）》、《扬州市城市商业网点专项规划（2004）》等对现状部分的描述，并结合《扬州市城市总体规划（2009—2020）——规划区土地利用现状图》进行补充。

三、扬州市住宅优势度的空间评价

（一）扬州市住宅自身优势度的空间评价

扬州市住宅自身优势度的空间评价，可从单户住宅档次与水平和小区建设档次与水平两个方面分别进行，评价的指标体系如表6-2所示。

表 6-2　扬州市住宅自身优势度(自身影响因素强度)综合评价体系

基本因素层	评价因子	评价因子强度的度量视角 (由高到低,分值分别为 1~9 分)	预期因素修正系数
F_1:单户住宅档次与水平	F_{1-1}:住宅性质	别墅(9分)、普通商品房或高档商住楼(7分)、房改房(5分)、保障性住房(3分)、集体产权住房(1分)	E_1:住宅拆迁安置预期修正
	F_{1-2}:产权年限	70 年(9分)、40 年(5分)、集体产权房(1分)	
	F_{1-3}:建筑年代	新房(9分)、次新房(7分)、老房(5分)、旧房(3分)、极旧房(1分)	
F_2:小区建设档次与水平	F_{2-1}:小区绿化环境	好绿化环境(9分)、较好绿化环境(7分)、一般绿化环境(5分)、较差绿化环境(3分)、差绿化环境(1分)	E_2:小区综合环境改造预期修正
	F_{2-2}:小区整洁与安静程度	整洁安静(9分)、一般(5分)、脏乱差吵(1分)	
	F_{2-3}:小区拥挤程度	低容积率(9分)、中低容积率(7分)、中容积率(5分)、中高容积率(3分)、高容积率(1分)	
	F_{2-4}:小区配套设施水平	高配套设施水平(9分)、中高配套设施水平(7分)、中配套设施水平(5分)、中低配套设施水平(3分)、低配套设施水平(1分)	
	F_{2-5}:居民总体收入阶层	高等收入阶层(9分)、中高等收入阶层(7分)、中等收入阶层(5分)、中低等收入阶层(3分)、低等收入阶层(1分)	

1. 扬州市单户住宅档次与水平优势度的空间评价

本书的案例研究以居住小区为研究单元,所以对单户住宅内部的设施、设计水平、朝向、楼层等因素未进行考虑。根据研究单元的基本情况和数据的可得性,选取住宅性质、产权年限、建筑年代 3 个指标进行综合得分评价。

(1)住宅性质得分评价。按照对不同住宅性质、不同档次住宅价格的经验判断,设定各类住宅的得分从高到低分别为别墅(9分)、普通商品房或高档商住楼(7分)、房改房(5分)、保障性住房(3分)、集体产权住房(1分)。

(2)住宅产权年限得分评价。按照不同产权年限住宅的优劣程度,设定产权 70 年住宅的得分为 9 分,产权 40 年住宅的得分为 5 分,集体产权房住宅的得分为 1 分。这里不研究办公楼改住宅(50 年产权)的情况。

(3)建筑年代得分评价。按照从新到旧分为 5 个档次确立建筑年代及其得分：新房（9分），为2011年和2012年住宅；次新房（7分），为2006～2010年住宅；老房（5分），为1999～2005年住宅；旧房（3分），为1991～1998年住宅；极旧房（1分），为1990年及1990年之前的住宅。

采用熵值法对上述3个指标赋权重，结果分别为0.3285、0.2945、0.3770。这表明建筑年代对扬州市单户住宅档次与水平的影响最大，产权年限的影响最小，根据此权重计算单户住宅档次与水平的总得分。由于住宅的拆迁安置预期会影响到单户住宅档次与水平的评价得分，本书根据《扬州市旧城改造地区地块整理工作（2010）》和《扬州市城中村和旧城改造地块布点图（2010）》的方案，对涉及属于拆迁安置范围的住宅和未来可能属于拆迁安置范围的住宅进行预期和修正。对属于拆迁安置范围的住宅设置1.3的修正系数；对未来可能属于拆迁安置范围的住宅设置1.1的修正系数，其余住宅不修正，最终得出单户住宅档次与水平的空间评价图［（彩图2-(a)]。图中表明，扬州市单户住宅档次与水平优势度呈典型的圈层分布，且由中心向外围优势度逐渐增大。

2. 扬州市小区建设档次与水平优势度的空间评价

决定小区建设档次与水平的因素，主要包括小区的绿化环境、整洁与安静程度、小区拥挤程度、小区配套设施水平、居民总体收入阶层5个方面。但其中一些指标难以量化，而绿地率也不能完全反映小区的绿化环境，容积率也不能完全代表小区的拥挤程度。因此，本书采用实地调研，并进行主观打分。这种直观调研的感受往往比客观数据本身更可靠。因为购房者在购房时，对某小区的认知往往比容积率、绿地率等数据更能影响其对住宅优势的基本判断。对扬州市各个小区综合环境由好到差，档次由低到高，分别对应于1～9分。

小区综合环境改造预期会改善未来小区的综合环境与档次，进而影响当前的住宅价格。本书考虑综合环境改造预期，对当前得分进行修正，判定方法为：位于《扬州市城市总体规划（2009—2020）》中旧城改造划定范围内，且为1995年之前的居住小区。该类小区具有综合环境改造的预期，其修正系数设置为1.3。通过小区综合环境改造预期修正后的得分评价图见如彩图 2-(b)所示。图中表明，小区综合环境与档次优势度呈现出由内向外逐渐增高的格局：古城内，呈现出西高东低的格局，旧城西部以中优势度住宅居多，旧城东区呈现出多种环境与档次小区混杂的格局。新城和近郊则以高小区综合环境与档次优势度住宅为主。

3. 扬州市住宅自身优势度的空间评价结果

单户住宅档次与水平和小区建设档次对住宅自身优势度的影响同等重要，因此，根据上述两个方面的评价结果，各取权重 0.5，最终得出扬州市住宅自身优势度的空间评价结果，该结果同样可作为住宅自身影响因素的强度。其空间格局图如图 6-8 所示。图 6-8 中表明，住宅自身优势度的分布较为分散，不同得分等级的住宅自身优势度均有分布。在空间格局上，呈现出典型的中心低、外围高的圈层结构。

图 6-8　扬州市中心城区住宅自身优势度(自身影响因素强度)的空间格局

（二）扬州市住宅外部作用优势度的空间评价

扬州市外部作用优势度的空间评价，可从区位与生活便利性和周边景观与环境两大方面分别进行，综合评价体系如表 6-3 所示。

表 6-3 扬州市外部作用优势度及外部影响因素强度综合评价体系

基本因素层	评价因子	评价因子强度的度量视角建议（由高到低，分值分别为 1～9 分）	预期因素修正系数
F_3：区位与生活便利性	F_{3-1}：所处圈层	核心圈层（9 分）、中间圈层（7 分）、外围圈层（5 分）、近郊圈层（3 分）、远郊圈层（1 分）	E_3：城市发展战略实施的预期修正
	F_{3-2}：所处区域或板块	优越区域或板块（9 分）、一般区域或板块（5 分）、较差区域或板块（1 分）	
	F_{3-3}：所属商圈	处于商圈内（2km 内）（9 分）、一般商圈辐射（2～3km）（5 分）、远离商圈（3km 外）（1 分）	
	F_{3-4}：交通便利性	同时受到主要道路 300m 范围和一般道路 100m 范围的影响（9 分）、城市主要道路的（城市主干路为主）300m 范围影响（5 分）、一般道路影响（次干路或支路为主）100m 范围（3 分）、城市道路影响范围外（1 分）	
	F_{3-5}：基础教育便利性	重点学校学区房（9 分）、非学区房但半径在 1000m 内（5 分）、非学区房且半径在 1000m 外（1 分）	
	F_{3-6}：医疗与文体活动便利性	主要医疗文体活动设施便利性高（9 分）、主要医疗文体活动设施便利性较好（6 分）、主要医疗文体活动设施便利性一般（3 分）、主要医疗文体活动设施便利性差（1 分）	
F_4：周边景观与环境	F_{4-1}：周边绿化景观水平	距离主要公园 200m 范围内（9 分）、距离主要公园 200～400m 且距离一般绿地 200m 内（8 分）、距离主要公园 200～400m（5 分）、距离一般绿地 200m 内（3 分）、距离主要公园 500m 以外（1 分）、距离一般绿地 200m 外（1 分）	E_4：城市景观与环境综合改造修正
	F_{4-2}：周边滨水景观水平	距离主要河湖 200m 范围内（9 分）、距离主要河湖 200～400m 且距离一般河流 200m 内（8 分）、距离主要河湖 200～400m（5 分）、距离一般河流 200m 以内（3 分）、距离主要河湖 400m 以外，一般河流 200m 以外（1 分）	
	F_{4-3}：周边地标景观带动	距离地标景观 500m 范围内（9 分）、距离地标景观 500～1000m（5 分）、距离地标景观 1000m 以外（1 分）	

基本因素层	评价因子	评价因子强度的度量视角建议 （由高到低，分值分别为1~9分）	预期因素修正系数
F_4：周边景观与环境	F_{4-4}：周边生产性用地影响	位于工业与仓储用地影响范围外（9分）、位于工业与仓储用地一般影响范围内（5分）、位于工业与仓储用地核心影响范围内（1分）	E_4：城市景观与环境综合改造修正
	F_{4-5}：周边市政设施影响	无市政设施影响（9分）、有部分市政设施影响（5分）、有较明显的市政设施影响（3分）、有严重的市政设施影响（1分）	
	F_{4-6}：周边城中村影响	距主要城中村200m外（9分）、距主要城中村100~200m外（5分）、紧邻城中村（100m内）（1分）	

1. 扬州市区位与生活便利性优势度的空间评价

扬州市区位优势可从住宅所处圈层、所处区域或板块、所属商圈3个方面评价；生活便利性可从交通便利性、基础教育便利性、医疗与文体活动便利性3个方面评价。最终由城市发展战略实施的预期进行修正。

（1）所处圈层得分评价。按照住宅所处的不同圈层，由内到外设定得分分别为古城（9分）、旧城（7分）、新城（5分）、近郊（3分）。

（2）所处区域或板块得分评价。根据研究的需要，参考扬州市单元划分，结合住宅市场研究的需要，将扬州市中心城区划分为25个板块。其中优越区域或板块（9分）分别为古城板块、瘦西湖板块、双桥北板块、双桥南板块、邗上板块；一般区域或板块（5分）包括梅岭板块、曲江板块、古运河南板块、邗江工业园北园东板块、新城西区板块；较差区域或板块（1分）包括蜀冈新城板块、文峰板块、商贸物流园板块、城北板块、槐泗板块、维扬经济开发区板块、西湖镇南板块、蒋王板块、邗江工业园北园西板块、汊河板块、扬子津板块、新光源产业园板块、广陵产业园南园板块、河东板块、茱萸湾板块，其分布情况如图6-9所示。

（3）所属商圈得分评价。商圈对住宅价格的影响作用不可小视。目前，公众普遍认可的扬州市三大商圈为文昌商圈、力宝（汽车西站）商圈和京华城商圈。将上述三大商圈2km辐射范围定为商圈明显辐射范围（9分），2~3km定为一般辐射范围（5分），3km以外则视作无主要商

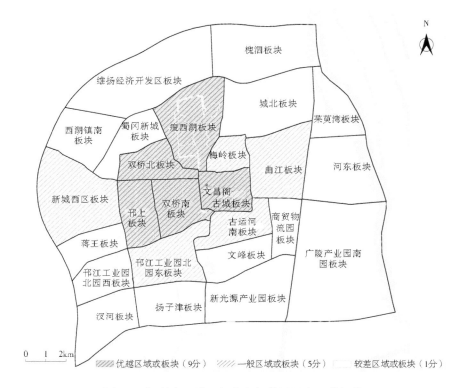

图 6-9　扬州中心城区板块空间范围界定及其得分

圈辐射(1分)。

(4) 交通便利性得分评价。由于扬州暂无地铁,公交系统对该市出行的影响也不显著。城市道路可视作对交通便利性具有重要影响的唯一评价因素。因此,以城市主要道路影响(城市主干路为主)300m 范围内为 5 分,一般道路影响(次干路或支路为主)100m 范围内为 3 分,同时受到主要道路 300m 范围和一般道路 100m 范围的影响为 9 分,无上述道路范围影响的则为 1 分。

(5) 基础教育便利性评价。根据扬州宽带房产网对扬州市学区房的介绍①,扬州的学区房以小学最为重要。因为购买了重点小学的学区房,户口可转入该学区,就可以进入重点小学学习。扬州市各中学都是

---

① http://www.yzkdfcw.com/topic/xqf/.

考入的，因此中学的"学区房"意义并不大。最受居民追捧的重点小学是育才小学和梅岭小学。学区房是通过学区划定的，不完全与距离有关，本书将位于学区内的住宅定为9分。而其他学校的远近则与距离相关，并且覆盖了所有重点中小学，包括育才小学、梅岭小学、扬州中学、邗江中学和树人中学。这几所中学的学区房意义虽然不大，但教育的便利性意义巨大，由此产生了巨大的购房和租房需求。而其他一般中小学对住房价格的意义并不大。因此，对小学教育便利性评价严格采用学区房界限，对中学教育便利性评价则采用距离法，设半径为1000m，将该半径范围内的住宅定为5分；将其他不属于学区房也不在重点中小学服务半径范围内的住宅定为1分。

（6）医疗与文体活动便利性评价。对医疗与文体活动便利性有影响的设施包括重点医院、主要文化服务设施、主要体育场馆。其中，重点医院包括苏北人民医院、扬州市第一人民医院和扬州市中医医院，将其对住宅的影响半径设为2000m；主要体育场馆为扬州市体育场和扬州市体育中心，将其对住宅的影响半径同样设为2000m；主要文化服务设施较多，将其对住宅的影响半径设为1000m。住宅位于上述3种设施影响范围内中任意一种的计3分，两种计6分，3种计9分，其他计为1分。

采用熵值法计算上述6项评价指标得分的权重，结果如表6-4所示。其中，基础教育便利性和所属商圈的权重最大，表明了这两项指标在区位与生活便利性中所占份额最大，影响最大。而所属圈层的权重仅为0.0319，对区位与生活便利性的影响最小。

表6-4　扬州市区位与生活便利性优势度（影响因素强度）指标权重计算结果

项目	所处圈层得分	所属区域或板块得分	所属商圈得分	交通便利性	基础教育便利性	医疗与文体设施便利性
信息熵	0.9944	0.9791	0.9583	0.9724	0.9495	0.9704

项目	所处圈层得分	所属区域或板块得分	所属商圈得分	交通便利性	基础教育便利性	医疗与文体设施便利性
冗余度	0.0056	0.0209	0.0417	0.0276	0.0505	0.0296
权重	0.0319	0.1188	0.2372	0.1570	0.2869	0.1681
得分比重	0.0523	0.1903	0.2278	0.1592	0.1841	0.1862

根据上述结果得出各个小区现实区位与生活便利性得分。城市发展战略实施的预期会影响到未来区位与生活便利性格局，因此将《扬州市近期建设规划（2010—2015）》中确定的近期重点建设区域，作为城市区位与生活便利性改善的预期。这些区域包括广陵新城、新城西区、蒋王新城、二城地区、蜀岗生态新城。

将位于此区域内的住宅视作可受到区域与生活便利性改善预期的影响，修正系数为1.3，最终得出修正后的扬州市区位与生活便利性分布格局图[彩图2-(c)]。从图中可知，扬州市区位与生活便利性的空间分布格局与住宅自身优势度的空间格局截然不同。区位与生活便利性总体上呈现出中心高、外围低，西高东低的格局。区位和高生活便利性区域位于古城西部、旧城西部、新城西区京华城附近和力宝广场（汽车西站）附近。而在旧城和新城范围内，西部的区位与生活便利性普遍高于东部。旧城的北区与西区大多为中等优势度。

2. 扬州市景观与环境优势度的空间评价

扬州市景观优势度可从绿化景观、滨水景观和地标景观3个方面评价；环境优势度可从周边生产性用地（工业用地、物流仓储用地）影响、周边市政设施影响、周边城中村影响3个方面评价，最终由城市景观与环境综合改造的预期进行修正。

（1）周边绿化景观水平得分评价。绿化景观水平分两个层次考虑：一是对周边住宅价格有较大带动作用的主要公园，包括瘦西湖公园、明月湖公园、曲江公园、竹西工业园、个园、何园、古运河沿岸绿地；二是其他一般类型的绿地和公园[彩图3-(a)]。其得分设置如下：距离主要公园200m范围内（9分）、距离主要公园200～400m且距离一般绿地

200m 范围内(8分)、距离主要公园 200～400m(5分)、具体一般绿地
200m 范围内(3分)、距离主要公园 400m 以外或距离一般绿地 200m 以
外(1分)。

(2)周边滨水景观水平得分评价。滨水景观水平也同样分两个层次
考虑：一是对周边住宅价格有较大促进作用的、景观优美的河流和湖
泊，包括古运河、京杭大运河、廖家沟、瘦西湖、明月湖、曲江公园湖
泊景观；二是其他一般河流湖泊景观。其得分设置如下：距离主要河湖
200m 范围内(9分)、距离主要河湖 200～400m 且距离一般河流 200m
范围内(8分)、距离主要河湖 200～400m(5分)、距离一般河流 200m
以内(3分)、距离主要河湖 400m 以外，一般河流 200m 以外(1分)[彩
图 3-(b)]。

(3)周边地标景观水平得分评价。公众普遍认可的扬州市地标包括
文昌阁、京华城(明月湖及其周边公共建筑)、五亭桥(瘦西湖内)、荷花
池、曲江公园。将距上述 5 个地标 500m 范围内定为 9 分，距离地标景
观 500～1000m 定为 5 分，距离地标景观 1000m 以外定为 1 分。

(4)周边生产性用地影响得分评价。生产性用地对周边住宅环境的
影响主要包括工业用地和物流仓储用地。其中，物流仓储用地和一类工
业用地的影响范围及其得分分别定为 100m 以内(1分)、100～200m(5
分)、200m 以外(9分)；二类工业用地的影响范围及其得分分别定为
150m 以内(1分)、150～300m(5分)、300m 以外(9分)；三类工业用
地的影响范围及其得分分别定为 250m 以内(1分)、250～500m(5分)、
500m 以外(9分)[彩图 3-(c)]。最终，将上述 3 类得分分别按 0.3、
0.3、0.4 设置权重，最终计算出生产性用地影响总得分，得分越高，
生产性用地对住宅的环境影响越小[彩图 3-(c)]。

(5)周边市政设施影响得分评价。对住宅环境有影响的市政设施包
括高压走廊(35kV 及以上)、变电站、给水厂、燃气站及燃气调压站、
加油站、污水处理厂、垃圾转运站、殡葬用地(含公墓、火葬场)。各类
影响范围及其得分如表 6-5 所示。

表 6-5　扬州市各类市政设施影响范围及其得分确定方案　单位：m

类别	高压走廊	变电站	给水厂	燃气站	加油站	污水处理厂	垃圾转运站	殡葬用地
影响半径界定	100	300	300	300	150	2000	200	1000

市政设施对住宅环境影响的计分方式为：无上述市政设施影响的记9分，有部分市政设施影响（一种市政设施影响）的记5分，有较明显市政设施影响（两种市政设施同时影响）的记3分，有严重市政设施影响（3种以上市政设施影响）的记1分。最终得出各类市政设施对住宅环境的影响程度的评价分值，各类市政设施的影响范围如彩图3-(d)所示。

（6）周边城中村影响得分评价。城中村往往是各类城市社会问题的空间载体与缩影。因此，城中村在一定程度上对周边住宅环境的影响也不可小觑，但其影响范围有限。本书将城中村的影响设为两个等级：一是100m以内，为严重影响，记1分；100～200m为一般影响，记5分；200m以外为无影响，记9分。扬州市中心城区内各城中村的影响范围及其得分如彩图3-(e)所示。

同样采用熵值法计算上述6项评价指标得分的权重，结果如表6-6所示。由表中可知，绿化景观水平和滨水景观水平的权重最高，表明这两项指标在景观与环境影响中所占的份额最大，影响最高。地标景观和生产性用地的影响也较大，市政设施和城中村的影响最小。

表 6-6　扬州市景观与环境影响指标权重计算结果

项目	绿化景观水平	滨水景观水平	地标景观影响	周边生产性用地影响	周边市政设施影响	周边城中村影响
信息熵	0.9555	0.9527	0.9583	0.9645	0.9960	0.9837
冗余度	0.0445	0.0473	0.0417	0.0355	0.0040	0.0163
权重	0.2350	0.2497	0.2204	0.1876	0.0214	0.0860
得分比重	0.0523	0.1903	0.2278	0.1592	0.1841	0.1862

根据上述权重得出各个小区现实景观与环境水平得分。城市景观与综合环境改造预期会影响到未来扬州市景观与环境水平的格局，因此参

考《扬州市近期建设规划(2010—2015)》中关于近期综合整治及绿化建设规划、近期重点改善地区规划等内容，从近期新建公园、近期街景整治与绿化工程、近期河道整治与滨水景观改造、近期新建地标景观影响共4个方面研究扬州市景观与环境改善预期的空间格局。其中，新建公园包括三湾公园、大桥公园和二城公园；近期街景整治与绿化工程包括扬子江路、江阳路、友谊路、文汇路、大学路、江都路、运河路和淮海路、南通路、泰州路、盐阜路等；近期河道整治与滨水景观改造项目包括古运河徐凝门至三湾段整治、古运河大王庙至茱萸湾段整治、小秦淮河环境综合整治、二道河环境综合整治、嵩草河环境综合整治等；近期建设的城市地标主要有扬州塔和京杭之心。这些近期景观与环境综合改造行动计划的影响范围设定如下：新建公园的影响半径为1000m，街景整治与绿化工程的影响半径为300m，河道整治与滨水景观改造的影响半径为300m，新建城市地标的影响半径为1000m。根据上述影响半径，满足3项及以上的住宅修正系数为1.3；满足上述任意两项的修正系数为1.2；满足上述一项的修正系数为1.1；都不满足的修正系数为1，即不进行预期修正。

基于上述景观与环境综合评价的过程及其预期修正，得出扬州市景观与环境优势度的空间分异格局[彩图2-(d)]。总体上来看，扬州市受外部景观与环境优势度中等优势影响的小区数量最多，受高外部景观与环境影响的小区数量较少，主要分布在古城与旧城交界处，即古运河两岸、二道河两岸，瘦西湖南部。另外，新城西区的明月湖周边、东区的曲江公园周边的景观与环境的优势度也较大，而近郊北区、旧城和新城的东南部综合景观与环境优势度较低。

3. 扬州市外部作用优势度及外部影响因素强度的空间评价结果

区位与生活便利性和周边景观与环境对住宅外部作用优势度的影响同等重要，因此根据上述两个方面的评价结果，各取权重0.5，最终得出扬州市住宅的外部作用优势度，即外部影响因素强度的空间评价结果。其空间格局图如图6-10所示。

0　1　2km

高优势度（大于6分）　　中优势度（3~6分）　　　低优势度（1~3分）

水域　　　　　　　圈层结构分界线　　　------ 扇形结构分界线

图 6-10　扬州中心城区外部作用优势度（外部影响因素强度）的空间格局

　　图 6-10 表明，扬州市住宅的外部作用优势度的分布特征为：高外部作用优势度的住宅数量少，中等外部作用优势度的小区数量最多。在同档次优势度区间内，住宅数量的分布较为均匀。在空间格局的分布上，总体呈现出中心高外围低、西高东低的分异格局。外部作用优势较高的区域为古城西部、旧城西部与古城西部交界处、京华城周边、力宝广场周边。在古城和旧城范围内，除东南部地区和北部部分地区外，其余住宅小区的外部作用优势度都属于中高水平。新城西部的整体外部作用优势度属于中等水平，而东部和北部多为低水平优势度。近郊的外部作用优势度普遍较差，与其住宅自身的高优势度形成了反差。值得注意

的是，新城西区的北部优势度普遍较差，这与其住宅自身的高优势度形成了鲜明的反差，而古城的外部优势度普遍较高，与其较低水平的住宅自身优势度同样形成了鲜明的对比。

（三）扬州市总体住宅优势度的空间评价

根据上述扬州市住宅自身优势度和外部作用优势度的评价结果，通过加权求和，最终得出扬州市总体住宅优势度，即住宅价格综合影响因素强度的得分，结果表明，扬州市住宅优势度的分布基本呈正态分布。按照总体优势度强度的 10％、20％、40％、20％、10％，分别划分成 5 类，定义为高优势度、中高优势度、中优势度、中低优势度和低优势度，阈值分别为 2.0481、3.3429、4.3176、5.4365、6.1762、8.5103，并生成空间格局图［彩图 4-(a)］。这样的划分便于与前述的住宅价格等级进行比较。结果表明，扬州市高和中高住宅优势度地区分布在新城西区、古城西部、旧城西部部分地区、古运河沿岸。低和中低优势度地区集中在古城中部和东部、旧城东南部和北部和近郊部分地区。

通过对比扬州市住宅优势度的空间格局和住宅价格的空间格局［彩图 4-(b)］，发现二者基本类似。这也印证了本书构建的住宅优势度视角及其评价体系具有合理性，也验证了"住宅优势度决定住宅价格，住宅价格是住宅优势度的货币体现"这一基本观点。

四、基于住宅优势度视角的扬州市理论住宅价格空间评价

由于"住宅优势度决定住宅价格，住宅价格是住宅优势度的货币体现"，因此，可根据住宅优势度视角计算其理论住宅价格，并比较理论住宅价格与现实住宅价格之间的关系。

（一）扬州市理论住宅价格的空间评价

扬州市住宅优势度的计算过程如下：

（1）按照 5 个级别对住宅价格和住宅优势度进行划分。依然根据本

书确立的 10%、20%、40%、20%、10% 的比重，将住宅价格和住宅优势度划分为高、中高、中、中低、低 5 个级别。

（2）分别计算 5 个级别住宅价格和住宅优势度的中位数。将住宅价格和住宅优势度分别从低到高排序，得出 5 个级别的中位数位序为 55、219、547、875、1039，住宅价格和住宅优势度 5 个级别的中位数数值如表 6-7 所示。根据 5 个中位数中住宅价格与住宅优势度的对应关系，分别得出 5 个级别的理论价格转换系数 λ_i。

表 6-7　扬州市住宅价格和住宅优势度的中位数数值及其理论价格转换系数

等级	实际住宅价格/(元/m²)	住宅优势度	理论价格转换系数(λ)	中位数位序
低	5 614	2.955 736	1 899.358	55
中低	6 616	3.876 428	1 706.726	219
中	7 900	4.842 671	1 631.331	547
中高	9 551	5.817 637	1 641.732	875
高	13 000	6.454 864	2 013.985	1 039

根据上述理论价格转换系数，分别计算扬州市各个住宅小区的理论住宅价格，其空间格局如彩图 4-(c) 所示。

（二）扬州市理论住宅价格与现实住宅价格的比较

为了进一步比较理论住宅价格与现实住宅价格的关系，本书通过计算每个住宅小区理论住宅价格与现实住宅价格的倍数进行判定。差距在 20% 以内的定义为基本相同，理论住宅价格高于现实住宅价格 20%～40% 的定为理论价格偏高，理论住宅价格高于现实住宅价格 40% 以上的定为理论住宅价格极高，表明该住宅的价格被低估。同样，理论住宅价格低于现实住宅价格 20%～40% 的定为理论价格偏低，理论住宅价格低于现实住宅价格 40% 以上的定为理论住宅价格极低，表明该住宅的价格被高估，其空间格局如图 6-11 所示。

结果表明，多数住宅小区的理论价格与现实价格基本吻合（差距在 20% 以内），表明基于住宅优势度视角的理论价格计算具有一定的合理

图 6-11　扬州中心城区理论住宅价格与现实住宅价格的空间格局对比

性，但也有一些小区的理论价格偏低或偏高。其中理论价格较高（现实住宅价格被低估）的小区主要分布在新城西区京华城附近、古城西部二道河两岸和近郊的部分住宅；理论价格较低（现实住宅价格被高估）的住宅数量较少，分散分布在旧城和新城西区。

参 考 文 献

常瑞敏，刘小鹏，何健．2011．银川市城市居住空间区位优势度分析．宁夏工程技术，10(3)：278-281.

陈瑛，裴艳飞，李慧．2008．西安市住房价格梯度差异规律和影响因素研究．统计与信息论坛，23(12)：37-42.

崔晓青，葛震明．2005．改革土地增值税预征办法　合理调控房地产二级市场．价格理论与实践，11：36-37.

董昕．2001．城市住宅区位及其影响因素分析．城市规划，25(2)：33-39.

杜德斌．1996．论住房需求、居住选址与居住分异．经济地理，16(1)：82-91.

方创琳．2011．中国城市化进程亚健康的反思与警示．现代城市研究，(8)：5-11.

方创琳，刘海燕．2007．快速城市化进程中的区域剥夺行为与调控路径．地理学报，62(8)：849-860.

富毅．2006．基于特征价格的杭州市住宅价格空间分异研究．杭州：浙江大学硕士学位论文.

高聚辉，周丽庆．2004．中国房价持续高企之谜．中国房地产金融，(11)：27-30.

葛红玲，杨乐渝．2010．商品住宅价格形成问题研究——以北京为典型案例分析．北京：经济科学出版社.

郝前进，陈杰．2007．到 CBD 距离、交通可达性与上海住宅价格的地理空间差异．世界经济文汇，(1)：22-35.

胡瑞娴，陈忠暖，方远平．2009．广州中心城区基本医疗服务等级区域分布及其特征．热带地理，29(2)：140-144.

黄怡．2005．城市居住隔离的模式——兼析上海居住隔离的现状．城市规划学刊，(2)：31-37.

金畅．2010．大连市住宅价格空间分异规律及驱动机制研究．辽宁师范大学学报(自然科学版)，33(4)：503-506.

金晓斌，周寅康，尹小宁等．2004．南京市住宅产业发展系统动力学研究．南京社会科学，(9)：87-92.

李传华，潘竟虎，赵军．2007．基于 GIS 的兰州市普通住宅价格空间格局分析．云南地理环境研究，19(2)：88-91.

李创新，马耀峰，张颖等．2012.1993～2008 年区域入境旅游流优势度时空动态演进模式——基于改进熵值法的实证研究．地理研究，31(2)：257-268.

李国栋．2006. 基于特征价格理论的我国城市商品住宅价格研究．哈尔滨：哈尔滨工业大学硕士学位论文．

李玲燕，刘晓君．2010. 商品住宅价格空间分布与城市区域价值研究——以西安市为例．技术经济与管理研究，(3)：131-135.

李妮．2009. 西安普通商品住宅价格空间格局及其演变分析．西安：西北大学硕士学位论文．

李文斌，杨春志．2007. 住房价格指数以及区位对住房价格的影响——北京市住房价格实证分析．城市问题，(8)：26-31.

李新平，孙敦立．2000. 华北平原冬小麦春玉米夏玉米复合种植模式生产优势度与稳定性系统分析．农业系统科学与综合研究，16(4)：256-259，262.

李雪铭，张馨，张春花等．2004. 大连商品住宅价格空间分异规律研究．地域研究与开发，23(6)：35-39.

梁绍连．2008. 上海住宅价格空间分异与居住空间结构演变．上海：华东师范大学硕士学位论文．

刘旺．2004. 北京市居住空间结构与居民住宅区位选择行为研究．北京：中国科学院研究生院硕士学位论文．

刘颖，张平宇，李静．2011. 长春市区新建住宅价格的空间格局分析．地理科学，(1)：95-101.

马敏蕾，吕斌，冯长春．2008. 基于 GIS 基础上的北京住房价格空间格局研究．中国国土资源经济，21(12)：26-28.

马思新，李昂．2003. 基于 Hedonic 模型的北京住宅价格影响因素分析．土木工程学报，36(9)：59-64.

梅志雄，黎夏．2008. 基于 ESDA 和 Kriging 方法的东莞市住宅价格空间结构．经济地理，28(5)：862-866.

孟斌，张景秋，王劲峰等．2005. 空间分析方法在房地产市场研究中的应用——以北京市为例．地理研究，24(6)：956-964.

彭鸿斌．2010. 北京市商品住宅价格研究．重庆：重庆大学博士学位论文．

彭鲁凤．2010. 城市住宅价格空间分异的模式和原因——对杭州的实证分析．杭州：浙江大学硕士学位论文．

彭少麟．1987. 广东亚热带森林群落的生态优势度．生态学报，7(1)：36-42.

秦波，焦永利．2010. 北京住宅价格分布与城市空间结构演变．经济地理，30(11)：

1815-1820.

单楠，吴婧，况明生等．2009．基于 GIS 的洛阳市居住空间研究．安徽农业科学，37(7)：3096-3098.

舒东，郝寿义．2003．房地产功能价值论与中国房地产市场投资．南开学报(哲学社会科学版)，(3)：101-107.

宋利利，路燕．2009．新乡市普通住宅价格空间分布特征研究．城市发展研究，16(7)：76-78.

宋雪娟．2011．西安市住宅价格空间分异与时空演变规律分析．西安：陕西师范大学硕士学位论文．

宋雪娟，卫海燕，王莉．2011．西安市住宅价格空间结构和分异规律分析．测绘科学，36(2)：171-174.

唐晓岚，2007．城市居住分化现象研究——对南京城市居住社区的社会学分析．南京：东南大学出版社：6-7.

田敏，田喜洲．2009．基于产业关联度及区内相对比较优势度的中国重点发展产业选择．科学学与科学技术管理，30(8)：117-120.

王光荣．2007．论芝加哥学派城市生态学范式的局限．天津社会科学，(5)：67-69.

王光玉．2008．中国城镇住房价格宏观波动及其微观机制研究．成都：西南交通大学博士学位论文．

王思远，张增祥，周全斌等．2003．中国土地利用格局及其影响因子分析．生态学报，23(4)：649-656.

王松涛，郑思齐，冯杰．2007．公共服务设施可达性及其对新建住房价格的影响——以北京中心城为例．地理科学进展，26(6)：78-85.

王旭育．2006．城市住宅特征价格模型的理论分析．上海管理科学，28(4)：68-69.

王洋，方创琳，盛长元．2013．扬州市住宅价格的空间分异与模式演变．地理学报，68(8)：1082-1096.

王洋，王德利，王少剑．2013．中国城市住宅价格的空间分异格局及影响因素，地理科学，33(10)：1157-1165.

王元庆，张志敏，周伟．2004．公路建设投资优势度计算方法．长安大学学报(自然科学版)，24(5)：72-75.

王子龙，谭清美，许箫迪．2004．关于江苏省区域高新技术产业空间优势度的评价．统计与决策，(11)：52-54.

温海珍，张凌，彭鲁凤．2010．杭州市住宅价格空间分异：基于特征价格的两维度分析．

中国土地科学，24(2)：51-56.

温海珍，张之礼，张凌.2011.基于空间计量模型的住宅价格空间效应实证分析：以杭州市为例.系统工程理论与实践，31(9)：1661-1667.

吴启焰.2001.大城市居住空间分异研究的理论与实践.北京：科学出版社.

吴威，曹有挥，曹卫东等.2011.长三角地区交通优势度的空间格局.地理研究，30(12)：2199-2208.

吴宇哲.2005.基于GIS的城市住宅价格时空演变规律探索及其应用研究.杭州：浙江大学博士学位论文.

吴宇哲，吴次芳.2001.基于Kriging技术的城市基准地价评估研究.经济地理，21(5)：584-588.

武前波.2006.郑州市居住空间演变过程及动力机制研究.开封：河南大学硕士学位论文.

熊海璐，吴晓燕.2011.浅析武汉市住房价格空间分异的原因——基于Hedonic模型.北方经济，(4)：78-81.

熊剑平，刘承良，袁俊.2006.武汉市住宅小区的空间结构与区位选择.经济地理，26(4)：605-609,618.

徐明德，王森.2009.基于道路和城镇的区位优势度分析.世界地理研究，18(4)：91-99.

许晓晖.1997.上海市商品住宅价格空间分布特征分析.经济地理，17(1)：80-87.

阎小培，周春山，邓世文等.2001.广州市及周边地区商品房的开发与分布.地理学报，56(5)：569-580.

袁雯，朱喜钢，马国强.2010.南京居住空间分异的特征与模式研究——基于南京主城拆迁改造的透视.人文地理，25(2)：65-69.

张波.2006.商品住宅价格的空间分布与城市价值——以沈阳市为例.价格理论与实践，(10)：49-50.

张斐，严志强，韦燕飞.2010.广西区域粮食生产特征及其优势度分析.安徽农业科学，38(33)：19197-19199,19210.

张红，李文诞.2001.北京商品住宅价格变动实证分析.中国房地产金融，(3)：3-7.

张文忠，刘旺，孟斌.2005.北京市区居住环境的区位优势度分析.地理学报，60(1)：115-121.

张媛.2011.银川市商品住宅价格的空间分异研究.中国城市经济，(5)：61-62,64.

赵亮.2008.基于特征价格的住宅价格空间分异研究.北京：北京交通大学硕士学位

论文.

赵自胜. 2010. 城市商品住宅价格空间分异研究. 开封: 河南大学博士学位论文.

郑海霞, 封志明. 2007. 甘肃省农业资源开发优势度分析. 地理研究, 26, (5): 1013-1020.

周春山, 罗彦. 2004. 近10年广州市房地产价格的空间分布及其影响. 城市规划, (3): 52-56.

周华. 2005. 基于特征价格的西安市住宅价格空间分异研究. 西安: 西北大学硕士学位论文.

周华, 李同升. 2007. 基于Hedonic模型的西安市住宅价格空间分异机制研究. 西安文理学院学报(自然科学版), 10(2): 68-71.

朱利群, 王静, 李静等. 2010. 基于比较优势理论的作物生产发展外显优势度评价. 资源科学, 32(1): 42-49.

Adair S A, Berry J N, Mcgreal W S. 1996. Hedonic modeling, housing submarkets and residential valuation. Journal of Property Research, 13(1): 67-83.

Alonso W. 1964. Location and Load Use: Toward A General Theory of Land Rent. Cambridge, Mass: Harvard University Press.

Andersson D E, Shyr O F, Fu J. 2010. Does high-speed rail accessibility influence residential property prices? Hedonic estimates from southern Taiwan. Journal of Transport Geography, 18(1): 166-174.

Benson E D. 1998. Pricing residential amenities: the value of a view. Journal of Real Estate Finance and Economics, 16(1): 55-73.

Bostic R W, Longhofer S D, Redfearn C L. 2007. Land leverage: decomposing home price dynamics. Real Estate Economics, 35(2): 183-208.

Braun-Blanquet J. 1932. Plant Sociology. New York: Mcgraw-Hill Book Company, Inc.

Brown M. 1970. The intra-urban migration process: a perspective. Geograficka Annaler, 52B: 1-13.

Castells M. 1977. The Urban Question. Cambridge, Massachusets: The MIT Press.

Chen S. 1999. Distribution-free estimation of the random coefficient dummy endogenous variable model. Journal of Econometrics, 91(1): 171-199.

Clark W, Burt J. 1980. The impact of workplace on residential relocation. Annals of The Association of American Geographers, 70(1): 59-67.

Curtis J T, Greene H C. 1949. A study of relic wisconsin prairies by the species-presence method. Ecology, 30(1): 83-92.

Curtis J T, Mcintosh R P. 1951. An upland forest continuum in the Prairie forest border region of Wisconsin. Ecology, 32 (3): 476-496

David L. 1986. Alternative explanations for inner-city gentrification: a Canadian assessment. Annals of the Association of American Geographers, 76(4): 521-535.

Evans A. 1987. Housing Prices and Land Prices in the South East-A Review. London: The House Builders Federation.

Gabriel S A, Mattey J P, Wascher W L. 1999. House price differentials and dynamics: evidence from the Los Angeles and San Francisco Metropolitan areas. Economic Review-Federal Reserve Bank of San Francisco, (1): 3-22.

Grass R G. 1992. The estimation of residential property values around transit station sites in Washington, D. C. . Journal of Economics and Finance, 16(2): 139-146.

Gray F. 1975. Non-explanation in urban geography. Area, 7(4): 228-234.

Harvey D. 1973. Social Justice and the City. Baltimore: The John Hopkins University Press.

Haurin D R, Brasington D. 1996. School quality and real house prices: inter and intra-metropolitan effects. Journal of Housing Economics, 5(3): 351-368.

Hoyt N J, Rosenthal S S. 1997. Household location and Tiebout: do families sort according to preferences for locational amenities? Journal of Urban Economics, 42(2): 159-178.

Hwang M, Quigley J M. 2006. Economic fundamentals in local housing markets: evidence from U. S. metropolitan regions. Journal of Regional Science, 8(46): 425-453.

Jin F J, Wang C J, Li X W, et al. 2010. China's regional transport dominance: density, proximity, and accessibility. Journal of Geographical Sciences, 20(2): 295-309.

Kain J F, Quigley J M. 1972. Housing market discrimination, home ownership and saving behavior. American Economic Review, 62(3): 263-277.

Kirk W. 1963. Problems of geography. Geography, 48: 357-371.

Lancaster K. 1966. A new approach to consumer theory. The Journal of Political Economy, 74(2): 132-157.

Lerman D L, Reeder W J. 1987. The affordability of adequate housing. Areuea Journal, 15(4): 389-404.

Loannides Y M, Rosental S S. 1994. Estimating the consumption and investment demands for housing and their elect on housing tenure status. The Review of Economics and Statistics, 76: 127-141.

Morgan B S. 1976. The bases of family status segregation: a case study in exeter. Transactions, Institute of British Geographers NS, (1): 83-107.

Muth, Richattl F. 1969. Cities and Housing. Chicago: University of Chicago Press.

Nellis J C, Longbottom J A. 1981. An empirical analysis of the determination of house prices in The United Kingdom. Urban Studies, 18: 9-21.

O'Longhlin J, Frendrichs J. 1996. Polarization in post-industrial societies: social and economic roots and consequences. In: O'Longhlin J, Frendrichs J. Polarization in Post-Industrial Metropolises. Berlin, New York: Walter De Gruyter.

O'Sullivan, Arthur. 2003. Urban Economics. New York: Mcgraw-Hill Companies, Inc.

Oates W E. 1969. The effects of property taxes and local public spending on property values: an empirical study of tax capitalization and the Tiebout hypothesis. Journal of Political Economy, 77(6): 957-971.

Ohta M, Griliches Z. 1976. Automobile Prices Revisited: Extensions of the Hedonic Hypothesis. Cambridge: Terleckyj N E Household Production and Consumption, NBER: 325-398.

Pace R K, Gilley O W. 1997. Using the spatial configuration of the data to improve estimation. Journal of Real Estate Finance and Economics, 14(3): 333-340.

Pahl R. 1970. Patterns of Urban Life. London: Longman.

Park R E, Burgess E N, Mckengie R D. 1925. The City. Chicago: University of Chicago Press.

Peng R, Wheaton W C. 1994. Effects of restrictive land supply on housing in Hong Kong: an econometric analysis. Journal of Housing Research, 5(2): 262-291.

Poterba J M. 1991. House price dynamics: the role of tax policy and demography. Brookings Papers on Economic Activity, (2): 143-203.

Rex J, Moore R R. 1967. Community and Conflict. London: Oxford University Press.

Rosen S. 1974. Hedonic prices and implicit markets: product differentiation in pure competition. Journal of Political Economy, (1): 34-55.

Sassen S. 1991. The Global City. New York, London, Tokyo: Princeton University Press.

Smith V K, Huang J C. 1995. Can markets value air quality? A meta-analysis of hedonic property values. Journal of Political Economy, 103(1): 209-227.

Stevenson S. 2004. New empirical evidence on heteroscedasticity in hedonic housing models. Journal of Housing Economics, 13(2): 136-153.

Straszheim M R. 1975. An Econometric Analysis of the Urban Housing Market. New York: National Bureau of Economic Research.

Stuart A G, Joe P M, William L W. 1999. House price differentials and dynamics evidence from the Los Angeles and San Francisco metropolitan areas. Economic Review, (1): 3-22.

Tiebout C M. 1956. A pure theory of local expenditures. Journal of Political Economy, 64(5): 416-424.

Weston J. 2000. Decision making theory and screening and scoping in UK Practice. Journal of Environmental Planning and Management, 43(2): 185-203.

Wolpert. 1965. The decision process in spatial context. Annals Association of American Geographers, (54): 159-169.

Yang J. 2006. Transportation implications of land development in a transitional economy: evidence from housing relocation in Beijing. Transportation Research Record, 54: 7-14.

图　版

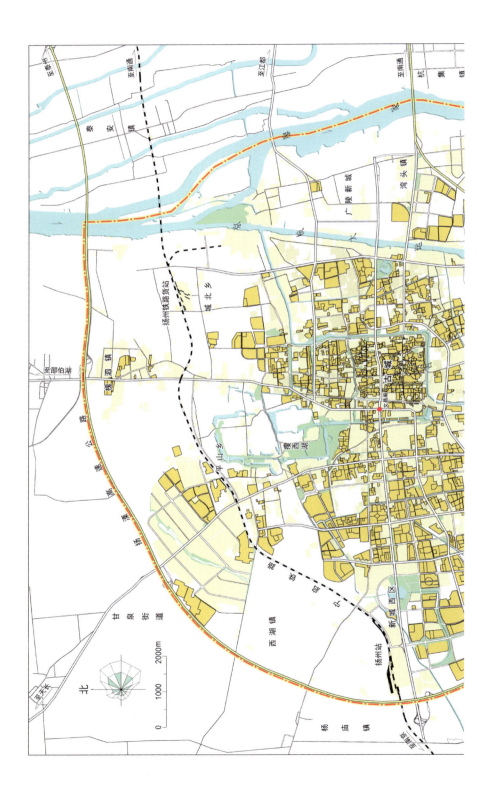

至泰州, 至南通, 至江都, 至南通, 杭集镇, 泰安镇, 新城, 广陵, 湾头镇, 扬州铁路货站, 城北乡, 古城, 至邵伯湖, 槐泗镇, 文昌阁, 瘦西湖, 平山乡, 公路, 沿河, 扬, 蜀, 甘泉街道, 西湖镇, 新城西区, 扬州站, 至天长, 北, 2000m, 1000, 0, 杨庙镇, 至扬瓜京

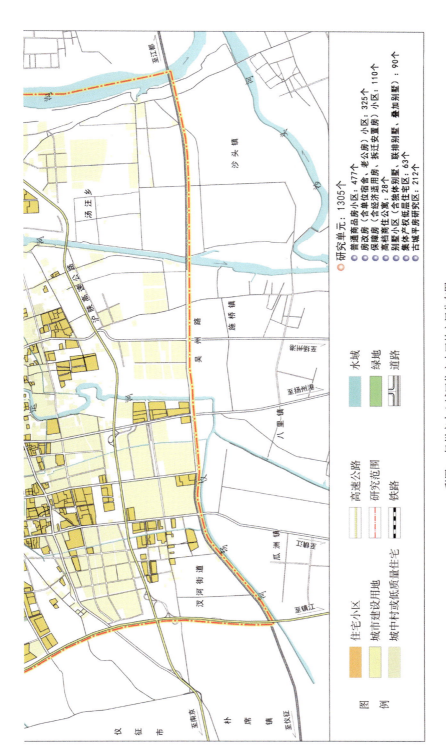

彩图1　扬州市中心城区住宅小区的空间分布图

图例

住宅小区
城市建设用地
城中村或低质量住宅

高速公路
研究范围
铁路

水域
绿地
道路

● 研究单元：1305个
● 普通商品房小区：477个
● 房改房（含单位宿舍、老公房）小区：325个
● 保障房（含经济适用房、拆迁安置房）小区：110个
● 高档商住公寓：28个
● 别墅小区（含独体别墅、联排别墅、叠加别墅）：90个
● 集体产权低层住宅区：63个
● 古城平房研究区：212个

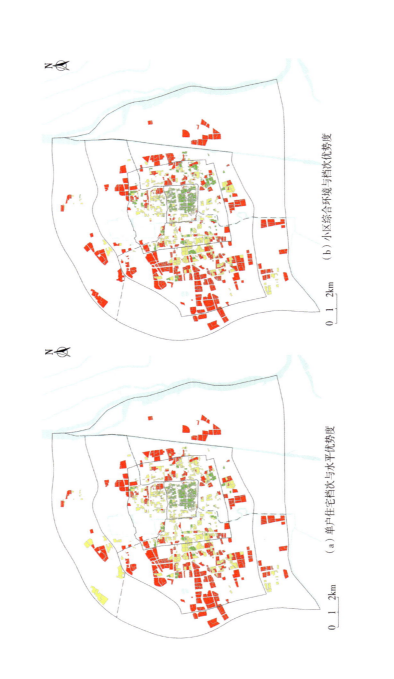

（a）单户住宅档次与水平优势度　　　（b）小区综合环境与档次优势度

0　1　2km

0　1　2km

N

N

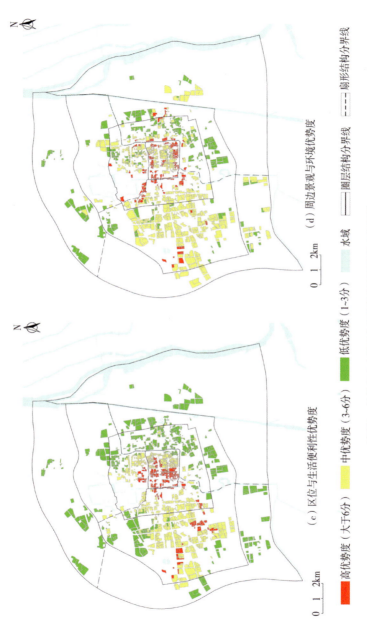

（c）区位与生活便利性优势度 　　　　　　　　　　（d）周边景观与环境优势度

彩图2　扬州市中心城区住宅优势度子系统的空间格局

高优势度（大于6分）　中优势度（3~6分）　低优势度（1~3分）　水域　　圈层结构分界线　　扇形结构分界线

0　1　2km

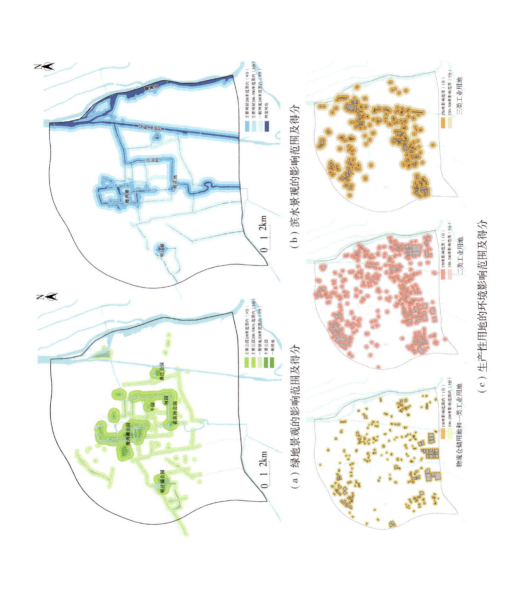

（a）绿地景观的影响范围及得分

（b）滨水景观的影响范围及得分

（c）生产性用地的环境影响范围及得分

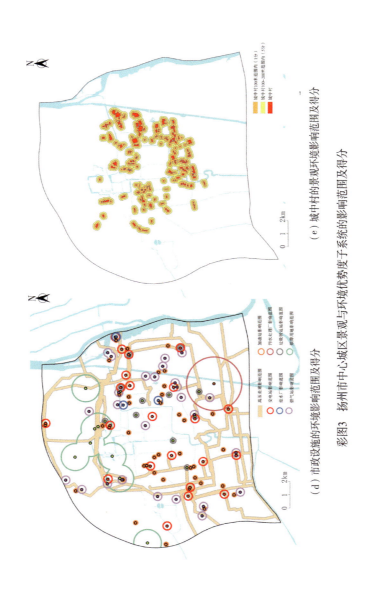

（d）市政设施的环境影响范围及得分

（e）城中村的景观环境影响范围及得分

彩图3　扬州市中心城区景观与环境优势度子系统的影响范围及得分

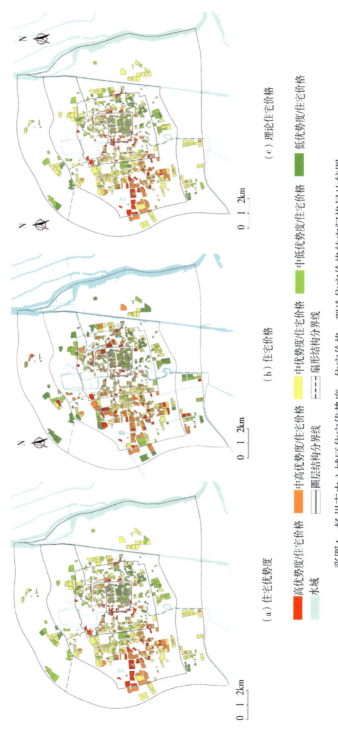

（a）住宅优势度　　　　　　　　　　（b）住宅价格　　　　　　　　　　（c）理论住宅价格

彩图4　扬州市中心城区住宅优势度、住宅价格、理论住宅价格的空间格局比较图

高优势度/住宅价格　　中高优势度/住宅价格　　中优势度/住宅价格　　中低优势度/住宅价格　　低优势度/住宅价格

水域　　　　　　　　　圈层结构分界线　　　　　扇形结构分界线